近影遠影

あの日あの人

高橋一清

青志社

『近影遠影　あの日あの人』　目次

初出
「毎日新聞」島根、鳥取両県版
平成二十七（二〇一五）年四月八日〜同二十九（二〇一七）年五月二十四日
毎週水曜日掲載（ただし紙面の都合で順延の場合もあり）
なお、他に「中國新聞」「山陰中央新報」に掲載のものもある

装幀
著者
カバーイラスト「Coruri KARUIZAWA」提供

近影遠影

あの日あの人

小林秀雄　知ってなお、神秘を知る

（平成二十七年四月八日）

島根県浜田市三隅町の大平桜が満開である。根元周囲五メートル三十八センチ、四本の支幹が東西二十四メートル南北二十九メートル六十センチに広がる樹齢六百六十年ほどの巨桜である。

文藝評論家の小林秀雄さんは還暦のころから、各地の名桜を訪ねる旅を始めた。伴《とも》は作家の水上勉さんと私の文藝春秋の先輩社員である郡司勝義さん。郡司さんは小林さんの執事役で、資料集め、原稿の清書、著作の管理まで任されていた。

大平桜の満開に会えたら、僥倖《ぎょうこう》に恵まれたと言っていい。昭和四十九（一九七四）年四月九日、花時と思って訪ねた小林さん一行だが、三分咲きであった。それ以来、春になると郡司さんは、三隅の隣町の益田出身である私に桜だよりを聞くようになった。

しかし、再び訪れることはなかった。小林さんが花見を願ってやまなかった桜ということで大平桜は人々に記憶された。また、水上さんが、旅から戻って満開を知らせる便りを読み、「さぞかし谷の松山に火が燃えたように花は浮きたっていたろう」と感想を書いたことから、一層広く知られることになったのである。

私は小林さんに、パーティーなどでお見受けしたとき、挨拶することはあったが、親しく言葉を交わすことは叶わなかった。郡司さんがすべてを取り仕切っていたからである。

小林さんの最晩年の著作は、私の所属する「文學界」掲載の『正宗白鳥の作について』であった。この連載途中の昭和五十八（一九八三）年三月一日に、小林さんは亡くなった。最後になって、郡司さんと小林家の方に不都合が起こり、最終原稿は私どもに直接渡された。初めて手にする肉筆原稿である。丁寧に書かれ、推敲を繰り返したあとがあった。

絶筆を掲げた追悼特集には、作家評論家四十二名が執筆している。進行役の私は、永く残るものを作る気概で取り組んだ。郡司さんにも随聞記の執筆を依頼し、後に加筆して『小林秀雄の思ひ出』という一冊の本にした。また、小林さんの代表作を網羅《もうら》した『無私の精神』の新装版の装幀をしたことも、私には忘れられない思い出である。

拙宅に二百五十年を経《へ》たウィンザー・チェアーがある。鎌倉に住む野々上慶一さんがくださったものだ。野々上さんは「文學界」創刊のころの版元で、小林さんや川端康成さんたちの活動を物心両面で支えた人である。小林さんが野々上さん宅を訪問した際、好んで座ったのがこの椅子である。腰掛けると、小林さんを感じるから不思議である。

小林さんは、超能力にも関心を抱き、世に人知が及ばない不思議があることをわかっていた。日本を代表する知性と言われる人は、知ってなお、神秘を知る人であった。

＊冒頭の年月日は、新聞紙上掲載日（以下同じ）

川端康成　夢幻と現実の間

（平成二十七年四月十五日）

島根県立美術館で「川端康成と東山魁夷　巨匠が愛した美の世界」が開かれている。川端さんにとって、大阪の茨木中学校時代の恩師倉崎仁一郎先生が松江出身であったこと、学生のころの恋人との仲を取り持ったのが、第一高等学校からの親友で温泉津《ゆのつ》出身の三明永無《みあけえいむ》であったことなど、島根との縁は深い。

私は昭和四十二（一九六七）年の文藝春秋入社以来、川端さんに幾度かお目にかかっている。昭和四十三（一九六八）年八月六日、新橋第一ホテルで第五十九回芥川賞受賞記念パーティーが開かれた。この時の受賞者は、丸谷才一さんと大庭みな子さん。当時、私の所属する編集部が担当にあたる「別冊文藝春秋」で、パーティーの模様をグラビアページで紹介することになった。選考にあたり大庭さんを川端さんが、丸谷さんを石川淳さんが推されていたので、この四名を一枚の写真におさめたいと思った。

パーティーの半ば、その撮影機会がめぐり、私は川端さんにお願いした。川端さんは、しばらく大きく目を開いて私を見た後、黙って私の誘いに応じた。

「先生、もう一歩前にお願いします」

川端さんの背をそっと前に押した。夏服を通して掌《てのひら》に薄い背筋と華奢な背骨を感じた。

昭和四十六（一九七一）年一月二十四日、故三島由紀夫の葬儀が築地本願寺で行われた。私はそのころ、「週刊文春」の編集部員として、グラビア班に所属していた。この葬儀には、各社大規模な取材態勢をとった。葬儀場内は代表取材となり、小学館写真部が撮影した。雑誌協会に運ばれた数十枚の写真から、撮影した小学館が先に一枚を取り、そのあと籤引《くじび》きで決めた順に選ぶ。私は迷わず一枚取り上げた。楯の会の若者が最敬礼する姿が目を引くが、私は川端さんの椅子の下に置かれている小型のカセットに注目した。果たせるかな、「週刊文春」に掲げたこの写真が物議を醸《かも》した。依頼を受けて録音するためとか、いろいろ取り沙汰された。結局、川端さん自身から、葬儀場に右翼や左翼の集団が乱入するとの噂《うわさ》があり、混乱が生じた場合、葬儀委員長として情報を得るために置いたと説明して収まった。

川端さんは昭和四十七（一九七二）年四月十六日、自殺した。私は「週刊文春」の特集記事に載せるため、作家の立原正秋さんから談話をいただいた。

美少女を好んだ川端さんらしい話だった。

「横須賀線の車中で見た情景です。学校帰りの可愛い女子高生が立っているところに、川端さんがすーっと寄って、肩を抱くのです。それがごく自然なのです」

老いた川端さんは夢幻と現実の区分がなくなっていたのだろうか。あの世とこの世も。

明日四月十六日は四十三回目の命日である。

ジャンヌ・モロー　人生を恋する

（平成二十七年四月二十二日）

昭和四十五（一九七〇）年三月十四日、大阪の千里丘陵で日本万国博覧会が開幕した。九月十三日の閉幕までに、入場者数六千四百二十一万人というから、日本人の半数を超える人が見物した昭和時代の最大の催しであった。

私は、その年四月の人事異動で「週刊文春」編集部員となり、グラビアページの担当となった。参加七十七ヶ国の各パビリオンでは、展示の他にさまざまな催しが開かれ、来日する要人は絶好の取材対象となった。

私の最初の取材はフランスの女優ジャンヌ・モローであった。

「明日、万博のフランス館に現れるから、写真部の者と行って話と写真を取って来い」

命令を受け、急ぎ映画年鑑や俳優名鑑を読み、知識を得る。東京駅に向かう途中の本屋で人物紹介がある本を二、三冊求め、新幹線の車中で頭に入れる。

ジャンヌ・モロー出演の映画を幾本か観ていたのは幸いだった。『現金《げんなま》に手を出すな』『死刑台のエレベーター』『危険な関係』『エヴァの匂い』『小間使の日記』『マドモアゼル』など。

フランス館では、その日、『黒衣の花嫁』が上映され、監督のトリュフォーとジャンヌ・モローは並んで席に着いた。しかし、「自分の映画を観るのは大嫌い」と開映十分で席を立った。

映画の後のレセプションには、当時の流行を取り入れたシンプルな構成のドレスに着替え、薄い色の大ぶりの眼鏡をかけて現れた。肉体美などを誇る女優ではない。結んだ口元に特徴のある、憂《うれ》いのある美貌。四十二歳とは思えない落ち着きがあった。

文藝春秋写真部の飯窪敏彦さんは均整のとれた脚に注目、ベンチに掛け脚組した一瞬を見逃さなかった。私は笑顔のジャンヌ・モローを見たいと思った。

写真に添える記事の取材をしなければならないが、私はフランス語が使えない。このとき、助けていただいたのが映画評論家で、当時テレビの映画番組で人気を博していた「小森のおばちゃま」小森和子さんだった。会話の輪に入らせていただき、厚かましくもお願いして、会話に取り入れていただいた。

「若さと美しさを保つ秘訣は」

月並みな質問だが、しゃれた表現に変え、流暢なフランス語で尋ねてくださった。

「人生を恋することですわ」

とジャンヌ・モロー。言い終えると、初めて笑顔を見せた。私の後ろで、飯窪さんの切るシャッター音が聞こえた。握手した掌は温かかった。これを機に私たちと不思議な気持の交流が生まれ、飯窪さんのみ特写を許されたのだった。

この来日では、デザイナーのピエール・カルダンも鉢合わせとなった。トリュフォーとカルダンはジャンヌ・モローの愛人と言われていた。

「映画監督としてのトリュフォーは最高だが、人間としての魅力はカルダンが数段上よ」

ジャンヌ・モローがそっともらした本音。これが周辺取材でやっと取れた話だった。

後日のことだが、同じ昭和四十五（一九七〇）年十月、私はアメリカのロスアンゼルスで、作家のヘンリー・ミラーに会い、インタビューした。途中で、女優の話題を持ち出した。その女性の感想を伺《うかが》うことは、ヘンリー・ミラーの理解につながると考えたからだ。ヘンリー・ミラーは、すぐさまマリリン・モンローとジャンヌ・モローを上げた。マリリン・モンローについて、「懐かしい時代の象徴だ。彼女が死んでハリウッドが死んでしまった」と言った。

ジャンヌ・モローは「素晴らしい女性だ」と言う。私は半年前に会っていると告げると、「彼女はアメリカに来ると、必ず訪ねてくる。私もヨーロッパに行くと、会っている。人生について語り合うんだ。女性として、存在感があり、粋《いき》な会話ができて、知的で、そしてセクシーだ」と言ってから、「近ごろは、いろいろ相談を受けるんだ」と呟《つぶや》いた。

ジャンヌ・モローの相談ごとはなんだろう。ふたりの男性への恋の悩みだろうと思ったが、それを確かめるのは、無粋《ぶすい》なことと口を噤《つぐ》んだ。

中央がジャンヌ・モロー、右が筆者、左の後ろ姿は小森和子さん（撮影・飯窪敏彦）

昭和天皇　高い識見と厳正さ

（平成二十七年四月二十九日）

私の最初の記憶は、三歳の出来事である。

家の前の通りが多くの人だかりである。私は人々の間に入り込み、気づいたらその最前列に出ていた。道路を何台もの自動車が通った。その中の一際《ひときわ》大きな黒塗りの車に、父清と同じような金縁の眼鏡を掛けたやさしそうな人が乗り、手を振っていた。振り返ると、周りの大人たちは、頭を垂れていた。これが昭和天皇をお見受けした日の記憶である。雨が降るのに、人々は傘も差さず濡れたままだったことも覚えている。

昭和二十二（一九四七）年十一月から十二月にかけ、昭和天皇は山陰路を行幸《ぎょうこう》された。記録によれば、十二月一日、前日お泊りの浜田から、列車で、十一時五十八分益田駅着。自動車で染羽《そめば》の石見工業学校へ。この沿道に私はいたのである。十二時十分学校にご到着。そこでご昼食を摂《と》られ、集まった町民の歓迎に応えられた。その後、現在、島根県芸術文化センター（グラントワ）が建っている場所にあった三井木材などを視察され、益田駅十四時三十五分発で萩に向かわれた。

私は十八歳からは東京で暮らした。勤め先は皇居に近く、あの時のように通過するお車の車窓にお顔を拝見することも幾度かあった。

私が昭和天皇を近く感じたのは、戦後五十年の平成七（一九九五）年夏に、『昭和天皇独白録』を文春文庫に収めたときである。これは平成二（一九九〇）年十二月号「文藝春秋」に掲載された、日本の雑誌ジャーナリズム史最大のスクープ記事である。

昭和二十一（一九四六）年三月から四月にかけ、五回にわたり側近五名に昭和天皇自ら、大東亜戦争の遠因から戦争遂行の係《かか》わりを語られ、寺崎英成御用掛が記録した。

米国との開戦を決めざるを得なかった事情や、立憲政治においては、天皇は内閣の決定を裁可するのだが、何も決められない政治家や重臣をおいて、自ら終戦の意志を貫かれたことが率直に語られている。ここには何よりもまず平和を願い、日本民族を滅ぼしてはならないとの昭和天皇の信念があった。

当時の軍人、政治家に対する辛辣《しんらつ》なご感想もある。首相や海軍大臣をつとめた米内光政と米国との開戦時の首相である東條英機の二人には好感を抱いておられたことがわかる。東條英機は「沈黙、弁解せず、一切語るなかれ」を家族に残し、昭和天皇に及ぶ全ての責任を一身に負い処刑台に上った。その一方、三度も首相の座に就《つ》いた近衛文麿は「確乎《かっこ》たる信念と勇気を欠いた」と語られている。また、外務大臣をつとめた松岡洋右には嫌悪の感情すら抱いておられた。

私は繰り返しゲラ（校正刷り）を読んだ。高い識見が随所にうかがえた。三歳のあの日に目にした「やさしそうな人」は、本当は厳正な方と知るのだった。

今日四月二十九日は「昭和の日」といわれる「昭和天皇誕生日」である。

大鵬幸喜　横綱の貫録

（平成二十七年五月十三日）

大相撲夏場所が始まった。昨年の今ごろは、白鵬が大鵬の優勝回数にいつ追いつき追い抜くか話題であった。優勝三十二回、白鵬が今年初場所で抜くまで四十三年間、誰も達しえなかった記録を残し、昭和四十六（一九七一）年夏場所で引退した第四十八代横綱大鵬は大きかった。

二十五歳の私は、引退する前年夏に大鵬と会った。わずか四歳年長だが、角界の最高位にふさわしい貫録があった。眼を合わせたとき、鋭い眼光を感じた。

二所ノ関部屋から遠からぬところの自宅を訪ねた。稽古をすませ、午睡から覚めた昼下がりであった。「週刊文春」のグラビア企画「一枚の写真」は、著名な方に写真を提供いただき、まつわる思い出を伺《うかが》った。

「ワシがまだ髷《まげ》を結ってないころの写真だ」

写っている先輩たちの一人ひとりを指さしながら、大鵬は思い出すまま語る。私はメモを取りながら、時に相槌を打ち、聞いた。

「こんなところで、書いてくれ」

原稿の点検をいただきたいのだが、東北と北海道の巡業に出るので、不可能と言う。窮余《きゅうよ》の一策で、「ではこれから、私が書く文章を口にしますから、聞いてください」と、メモを見ながら口述した。

「昭和三十一（一九五六）年七月、故郷に近い北海道訓子府《ほっかいどうくんねっぷ》の巡業先でワシは大相撲の世界に入った。この日、オジが餞別として千円くれたが下駄と風呂敷にかわって、文字通りの裸一貫だった。十六歳の何ひとつ知らぬワシをあたたかく迎えてくれたのは、この写真にワシと共に写る先輩たちだった。入門の晩、『アンちゃん、ビスケット食わんか』と、やさしく声をかけてくれた出雲山。自信をつけさせようと、わざと技ありで負けてくれた土居。人いちばい熱心に稽古をつけてくれたのち十両の天山。しかし、二所一門の期待を集めた彼らも、ひとり去りふたり去って、相撲を取るのはワシ一人になってしまった。写真はワシが髷を結うために髪を伸ばしていた昭和三十二（一九五七）年の早春に写したものだ。」

そこまで口にした時だった。「大阪で寿司屋をやっている尾崎の姿がない」と言う。「写されたのは尾崎さんだからではないですか」と私。「そうかもしれん」頷《うなず》く大鵬を見て、このことを最後に入れて文章を作ったのだった。

口述し終えると風鈴の音が耳に入った。横綱大鵬と取り組みを終えた気分であった。

その後、大鵬とは作家で横綱審議委員の舟橋聖一さんの通夜の席で会った。柏戸と連れ立っての弔問であった。引退した二人だったが、羽織袴姿は威風辺《あた》りを払った。

声をかけた私を振り向いた大鵬だったが、その眼に、あの日の眼光はなかった。

森 英恵　西洋も東洋もなく、あるのは美

（平成二十七年五月二十日）

益田の島根県立石見美術館の「森英恵　仕事とスタイル」展は、オートクチュール（高級仕立て服）の作品はもとより、映画や舞台の衣裳、企業の制服やオリンピック日本選手団公式ユニホームなどの展示があり、森さんの仕事の全容を知ることができる。

私は編集者として森さんに原稿をいただき、幾度かの面談を大切に記憶している。

昭和四十四（一九六九）年秋、森さんはアメリカのダラスでファッションショーを行った。会場は日本から建材を運んで造られた日本間だった。最後の客への挨拶のとき、着付けの部屋からモデルたちのように靴のまま畳の上を歩くはめになった。そのおりの写真を「週刊文春」で紹介したのが始まりだった。

「私たちの洋服姿に本場の人と違ったところがあるといわれてきたのは、畳の生活が理屈なしに着こなしに反映しているからだと思います。でも、そんなふうに考えるのは古風な私たちだけで、これからの若い人たちは、やがて抵抗もなく畳の上を靴で歩けるようになるかも知れません。そうなった時には日本人の洋服姿も身についたものになるでしょう」

写真に添えられたいささか皮肉な文章だが、半世紀近く経《た》ち、都会では畳のない家もめずらしくなく、書かれた通りになった。

平成十六（二〇〇四）年夏、私は編集担当の雑誌で「和の心　日本の美」を特集し、森さんにエッセイ『イースト・ミーツ・ウエスト』を執筆いただいた。

森さんは、日本の美が、要《い》らないと感じるものを取り除いて芯《しん》を残すマイナスの思考であると書いたあと、次のように続けていた。

「ニューヨーク進出以来、私は東洋と西洋の違いを意識して、いわば『東と西の出会い』を目指してきたが、次第に西洋のプラスの感覚も吟味しながら取り入れるようになり、『出会い』から『融合』へと表現も変わるようになった」

森さんの美しいものの原風景を伺《うかが》った日があった。幼少期を過ごした島根県六日市の、蝶が舞う花咲く野山、滾滾《こんこん》と流れる清流、との答えであった。ふるさとは森さんの原点なのだ。展示の映画衣裳は新調された六十年前のままだ。保存管理はもとよりだが、衣裳を手にした学芸員は「裏の始末」の確かさを指摘する。見えないところまでの丁寧《ていねい》な仕事に、私は山陰の女性の気質を感じる。

展示作品は後姿も鑑賞できるように飾られていて、その仕上げにも、入念な手が施《ほどこ》されていていることを私は知った。行《ゆ》きすぐ女性の名残《なごり》の華《はな》、上品な色香が漂よう。

作品は作られた時のままなのに、観るたび新しい発見があるのは、森さんのドレスが藝術作品だからだ。ここに至っては西洋も東洋もなく、あるのは美だけである。

岩崎あさ　血の通った歴史の話

（平成二十七年五月二十七日）

昭和三十二（一九五七）年、益田中学一年生の夏休みの宿題として、「古老に聞くふるさとの歴史」をまとめた。私の祖父母はすでになく、近所に住む岩崎あささんのもとに三日間通った。岩崎さんは明治二十（一八八七）年の生まれで当時七十歳。五つ六つのころからの出来事を簡略な歴史年表をもとに聞いた。

そのなかで「生まれてから一番恐ろしい思い出」に、私は引き込まれた。明治三十八（一九〇五）年の五月二十七日午後二時ごろから海のかなたで大音響が轟《とどろ》き、障子紙が破れるほど鳴り、襖《ふすま》は外れるかと思うほど震えた。それは夜通し続き、人々は浜に出て沖を眺め、海が割れるのではないかと身をすくめた。

ロシアとの戦争は、出征兵士を送り出して知らぬ者はない。しかし、沖合でのバルチック艦隊と日本海軍の海戦のことなど、誰も知らなかったのである。

翌二十八日夕方、今の益田市土田北浜にロシアの仮装巡洋艦ウラルの乗組員二十名が乗ったボートが漂着した。村人は外国人が攻めてきたかと警戒したが、逆に助けを求めているとわかると、食べ物など与えた。

「ダイダイに噛《かじ》り付きんさったと聞いたよ」皮ごと夏蜜柑《なつみかん》（ダイダイ）を貪《むさぼ》るとは、長い航海でビタミンが欠乏していたからだ。食べ物をめぐっては、いまひとつ話があった。ロシア兵たちは、長崎の大村収容所に護送されるまで、益田の寺院で過ごした。このとき、食事にきんぴら牛蒡《ごぼう》を出したが口にしない。「役所の人が、みなの前で食べてみせんさったと聞いたよ」

岩崎さんは、自身が目にした情景と人から聞いて知ったことを、言い分けていることに気付いた。私が通ったのも、このことで信頼を抱いたことによる。

「大正デモクラシー」という項目があって伺《うかが》うと、「そねえなことは知らんでね」との返事であった。また、「マルクス主義ひろまる」と口にしたときは、「そがあな病気が都会で流《は》行《や》っていると聞いたことがあった」という。そのような言い方で人々が関心を抱くことを、官憲が防いでいたことなど、今ならわかる。「昭和二十（一九四五）年八月六日、原子爆弾、広島に投下」これについては、「あの朝、南の山の向こうが白うなったのを見た」と語った。

私が故郷の歴史に関心を抱くようになったのは、これがきっかけであった。郷土史の書物を繙《ひもと》いたが、つとめて多くの実体験者の話を聞くことが、私の方法となった。後に編集者として戦記や戦争小説を担当したが、執筆は死線を越えた作家に依頼した。体験者でないと戦場の本当は書けないのである。

岩崎あささんとの、あの夏の日がなかったら、私は血の通った歴史の話を知らず、文献から得た知識をひけらかす「歴史マニア」になっていたであろう。

車谷長吉《ちょうきつ》　自らを鞭打《むちう》ち、人を打つ

（平成二十七年六月三日）

五月十七日、車谷長吉《ちょうきつ》さんが亡くなった。身の上を題材に、したこと、されたことを「私小説」としてありのままに描く作家であった。

「姦通を三度した」と書く。「不倫」などとはいわず、日本人に罪を意識させる古くからの言葉をつかう。また、政界の黒幕のもとで、自民党総裁選の議員買収資金の札束を、洋酒の箱に詰めかえたことも、「文藝春秋」平成十七（二〇〇五）年六月号に実名を上げて書く。自らを鞭打《むちう》ち、人を打つ文章である。

昭和四十七（一九七二）年、文藝誌「新潮」に発表された作品を読み、本物の作家と思い会いに行った。作品を求めたものの、次々と注文をこなす人ではない。書きあぐね、ついにはすべてを投げて関西へ行き、料理旅館の下足番、料理屋の下働きなどをして、タコ部屋を泊り歩いた。

そのころ、私は車谷さんを捜しあて神戸で会った。鳥打ち帽子に下駄履きで現われた車谷さんは、頬はこけ、目は虚《うつ》ろで、この世の人ではない感じだった。死なせてはならないと思い、「あなたは書くことで生きていける」と繰り返し口にしたのだった。それに応《こた》えてとは言わないが、奮《ふる》い立ち原稿用紙に向かう日もあった。生きている証《あかし》に、「新潮」編集部へ送った小説が芥川賞の候補作品となった。そして、待ちに待った私にも書いてくださった。

九年後、車谷さんは上京した。私と同じように関西にまで励ましに行った「新潮」編集長のもとで再起をはかる。そのとき、遺書を書いて小説の執筆に臨んだ。一作一作、これが最後、すべてを書く覚悟である。

関西での暮らしから『赤目四十八瀧心中未遂』を書き、「文學界」に発表、車谷さんは平成十（一九九八）年上半期の直木賞を受賞した。このときの芥川賞は花村萬月さんと藤沢周さんだった。特に花村さんは「性と暴力の作家」とよばれ、大衆小説を多く書いていた。私小説一筋の車谷さんと対照させて「純文学とエンターテインメントのクロスオーバー」と話題になった。当時、私は両賞を主催する日本文学振興会で事務局長を務め、賞の運営に携《たずさわ》っていて、これを仕掛けた。

詩人の高橋順子さんと結婚し、連れ立って私の故郷益田や松江での催しに参加していただいた。私小説を極めた嘉村礒多《かむらいそた》の生地、山口市仁保への旅、柿本人麿ゆかりの地を巡る石見旅行も懐しい思い出となった。

著書『物狂ほしけれ』の中に、あの日、記した「遺書」が載っている。

一、葬式、墓、死後の法要、法事は一切無用。
一、遺体は焼却して、遺骨、遺灰はごみとして捨てて欲しい。
一、私の書いて来た小説その他の文章が数篇あるが、それは私の死後、絶対に上板（出版）しないでいただきたい。

徳川夢声　話術の奥義

（平成二十七年六月十日）

愛知県犬山市の「明治村」東京事務所は、昭和四十年代、私が勤める文藝春秋の社屋の一角にあり、「村長」の徳川夢声さんとはエレベーターホールで出会うことがあった。社の催しで姿を見受けることもあった。しかし、会釈するにとどめ、同じ益田の生まれと名乗って挨拶することはなかった。頬骨の張った石見人の貌《かお》に、親しみを抱き、近くにいて声を耳にするだけで、私は気持が和《なご》むのだった。

夢声さんは、二十世紀に生まれたメディア（媒体）のすべてを制覇した。今風にいえば「マルチタレント」である。無声映画（活動写真）のころは弁士、発声映画（トーキー）になると俳優になって出演する。ラジオ放送が始まると語り手、また朗読者に。そして、雑誌ジャーナリズムが活況を呈すると読み物を書き、座談会にも出席する。そのひとつ「文藝春秋」昭和二十四（一九四九）年六月号の『天皇陛下大いに笑ふ』は、この雑誌を一躍有名にした。週刊誌全盛のころは、名物対談「問答有用」を連載した。さらに、テレビがメディアの主力になると、引く手あまたの司会進行者となった。大衆の娯楽に、品性のある良質で画期的な業績を残し、その道を行く人が「あの夢声さんのように」と、今なお師と仰ぐ人である。

ラジオでの『宮本武蔵』の語りは、昭和十四、十八、二十七、三十六年と繰り返し、特に三十六年の放送は五百五十回に及んだ。吉川英治原作だが「夢声の武蔵」と言われるほどで、特有の「間」の取り方で人々を魅了した。ＮＨＫの朗読番組に出演している加賀美幸子さんは一分間に三百六十字を読むが、夢声さんの場合は百九十字で、さらにゆったりしたものである。もちろん、それには一瀉千里《いっしゃせんり》のところもあれば、沈黙して間《ま》をとる箇所もあり緩急《かんきゅう》自在である。これができたのも、言葉に心が込められ、美しく響いたからだ。

「話術の人」といわれるが、文章にも定評があった。流行の言葉を取り入れ、カタカナ表記と漢字の視覚的な効果を生かした文体を生み出した。小説も書き、『幽霊大歓迎』で昭和二十四（一九四九）年上半期の直木賞候補になっている。題名が示すように、ユーモア小説だが、虚無感が漂うのは、幼少期の生母との別離、妻との死別、アルコール依存症による死の恐怖などで傷めた心が影を落としているからで、夢声さんの内面は暗く、複雑である。

人は淋《さみ》しいものと思う。哀しみ苦しみから逃れるために、楽しみごとや笑いを求める。夢声さんの藝は、人々に、ひととき憂《う》さや淋しさを忘れさせた。夢声さん自身がそれを求めた。夢声さんの言葉が、心の奥深く届くゆえんである。

話し上手の人は聞き上手である。「きみはどう思う」と、まず相手に話させるのが夢声さん流。長らく番組出演をともにした中村メイコさんから伺《うかが》った「夢声話術の奥義」である。

ファイサル国王　明君の誉《ほま》れ高く

（平成二十七年六月十七日）

映画『アラビアのロレンス』を幾度観たことだろう。そのたび、アラビアの宮殿でロレンスにまとわりつくあどけない王子たちのシーンに目がとまった。

昭和四十六（一九七一）年五月二十日、あの日の王子のひとり、第三代サウジアラビアの国王ファイサルが国賓として来日した。

当時、私の所属する「週刊文春」編集部に、取材記者の割り当てがあった。会ってみたい、ロレンスの思い出のひとつでも聞いてみたいとの思いが顔に表れていたのだろう、私に担当が言い渡された。私は二十六歳であった。

ファイサル国王は当時六十五歳。前の母違いの兄サウド国王が、数知れぬ美女たちをはべらせ、人々の苦役《くえき》の上に「千夜一夜」の歓楽を尽くしたのとは違い、明君の誉《ほま》れは高く、四人までの妻帯が許される国でありながら、ひとりの王妃を愛した。

生活はあくまで質素であった。一九六四年に即位すると、王室経費を削り、学校、病院、住宅の建設につとめた。奴隷制を廃止し、女性が教育を受けられるように改めた。その善政はアラビアの歴史に例がないという。

滞在は六日間。取材が許される限り、写真部の山川進治先輩と国王一行に同行した。工場見学、晩餐会、政界要人との懇談、まさに分刻みの強行スケジュールであったが、健康のための午後二時間の昼寝と西の方メッカに向かってのアラーの神への礼拝は欠かさなかった。

京王プラザホテル四十三階のレセプション会場で、私は思い叶ってファイサル国王と向い合った。このとき、私の口から出たのはロレンスのことでなく、「おかげさまで私たちは助かっています。日本にはない油を今後ともよろしく」と、月並みな外交辞令であった。

ファイサル国王は私を見つめた。「眼光、人を射る」とは、これを言うのかと思う鋭さだった。そして、その視線を窓に移し、指差した。

「私の国には売るほど油はあるが、あれがない」

梅雨の走りの雨が窓を打っていた。確かに私たちの国には雨が降り、水がある。そのことを改めて気付かされ、私はないものねだりする根性の浅ましさを知るのだった。

その二年後、一九七三年十月十七日、ファイサル国王は、価格を引き上げ、世界市場へのサウジアラビアの石油の供給を削減した。これにより、いわゆる石油危機が発生する。これは直前に起きた第四次中東戦争で、イスラエルを支援するアメリカへの対抗処置だが、懲《こ》りずにないものねだりを続ける限り、この目に遭《あ》うと思った。

あのとき、敵か味方かを見分けるような眼光で私は射抜かれたが、一九七五年三月、甥の凶弾に斃《たお》れた。一番の敵は身近にいることを知らなかったのだろうか。油断が命取りになった。

阿久悠　追従を許さぬ作詞五千百

（平成二十七年七月一日）

東京及び首都圏の人々を、いかに山陰に呼び込むか。観光文化プロデューサーの私が考えたのは大学の社会人講座への企画参加であった。

早稲田大学はラフカディオ・ハーン＝小泉八雲研究の池田雅之教授、明治大学は死生学専門の金山秋男教授が大学側の受け皿となって、ゆたかな山陰の歴史文化を学ぶ連続講座は、多くの受講生を集めている。特に松江は一度は行ってみたいと思っておられる方が多いようだ。受講生は、せっかくなら学んで、知って行くという方々である。

私自身、両校への出講は楽しみで、講座終了後、早稲田ではかつての学び舎をのぞいたり、明治では、構内にある阿久悠記念館に行く。

「またお目にかかりたくて、伺《うかが》いました」

これが阿久さんへのいつもの挨拶だった。

初めて会ったとき、その風貌に、「この男、やるな」と直感した。その通りとなった。作詞した曲が、ことごとくヒットした。尾崎紀世彦『また逢う日まで』、ペドロ&カプリシャス『ジョニィへの伝言』、山本リンダ『じんじんさせて』、森進一『さらば友よ』、森田公一・菅原洋一『乳母車』、都はるみ『北の宿から』、沢田研二『勝手にしやがれ』、西田敏行『もしもピアノが弾けたなら』、五木ひろし『契り』などなど。題名を見るだけで歌が聞こえてくる。

『乳母車』は、別れた男女が三年ぶりに再会する。男性は独り身だが、女性は乳母車を押している。くくり付けられた風車が回り始める。「風が出てきたから」と、女性は去って行く。盗み見た横顔はあのころのままだけど、「うめられぬとしつきがそこにある」と歌う。

これは短篇小説だと思った。阿久さんの歌詞には物語がある。「この人、小説が書ける」と思った。もちろん当人はそれを知っていた。『瀬戸内少年野球団』が書かれるのは、それから間もなくのことであった。

直木賞の候補になること三回。しかし、阿久さんに賞はめぐってこなかった。かわって平成九（一九九七）年、同じ日本文学振興会主催の菊池寛賞を受賞する。その贈賞理由は、当時、振興会の事務局長を務めていた私が書いた。

「他の追随を許さぬ、オリジナリティをそなえる作詞、その数約五千百。日本人の心をつかみ、絶えずヒット曲を生み続ける作詞活動三十年の業績」

阿久さんは、この文言が気に入ったと見え、スピーチに織り込みパーティーで披露した。会場に私がいるとわかると破顔してみせるのだった。

私は編集する「文藝春秋臨時増刊・特別版」を毎号自ら袋詰めして、阿久さんに送った。また度重ねて、執筆していただいた。記念館の一角に、書斎が再現されていて、手の届くところにすべての号が並べてある。

阿久さんに、歌をもとに短篇小説を書いていただくのが編集者の私の夢だった。今なら「ご当地ソング」の歌詞も。叶わぬことと知りながら、また記念館を訪れるのである。

小沢昭一　第一回徳川夢声市民賞を受賞

（平成二十七年七月八日）

作家や文化人の供をして、日本各地を講演旅行した。平成六（一九九四）年七月十一日は出雲の斐川町、十二日は益田市で開催、担当講師は小沢昭一、宮尾登美子の二方であった。出雲市駅から益田駅に向かう車中、私は小沢さんの隣りの席に座った。車窓風景を見ていた小沢さんが、突然声を上げた。

「おっ、銘酒『石見銀山』ってあるぞ。ブラックユーモアだね」

当地の人が知らないだけで、江戸時代から「石見銀山」は殺鼠剤《さっそざい》、また「猫いらず」の別称として通っていた。江戸時代の読み物や歌舞伎などの殺害では、これがもっぱら使われた。石見銀山領所轄の銅山から出る砒素《ひそ》を原料としたのが名の由来である。

小沢さんは、これをユーモアと楽しんだ後、連想するものがあったようで、「益田は夢声さんの誕生の地ですな」と徳川夢声の話題に移った。そして、「夢声さんを顕彰する何かを考えなさいよ」との提案があった。私は透《す》かさず答えた。「徳川夢声の賞を設けたら受けていただけますか」「もちろん、一番にいただきます」

これが発端となった。そして、七年後の平成十三（二〇〇一）年春、同郷の城市創《はじめ》君が、「徳川夢声で何か考えていることはないか」と相談を持ちかけてきたとき、小沢さんとのことを話したのだった。活動写真（無声映画）を観る会での収益金が賞金につかえるという。正賞の雪舟焼花入れの品代と受賞者招致の旅費は私が賄《まかな》うと決め、十年は続けると決心した。

小沢さんに連絡し、経緯を話し、改めて受賞の諾否を伺《うかが》った。「主催はどこかね」「市民の有志です」「それなら受ける」

同じ町に生を享《う》け、同じ言葉に係《かか》わりのある仕事に就《つ》く者として、この先人の顕彰は務めと思い、賞の趣旨は私自身が綴った。

「『言葉の乱れは心の乱れ』といいます。今日の有様は心痛めます。日本語の美しさを取り戻し、それを藝として磨き、日本人の心を一層豊かにするために活動されている個人、団体に『徳川夢声市民賞』を贈ります」

行政が行う町の知名度向上のための賞は、不況で、また首長交代でことごとく廃止になったが、私は当初に心した通り続けた。

小沢さんの後、中村メイコ、加賀美幸子、永六輔、山川静夫、浜村淳、宇田川清江、平野啓子、山根基世、堀尾正明のみなさんに贈った。受賞者は、市民にその話藝を披露した。

小沢さんとは幾度も講演旅行に出かけた。いずれの会場でも途中にハーモニカ演奏を入れ、懐かしい昭和の話「小沢昭一的こころ」で会場を沸《わ》かせた。その中で、平成六年の益田での初回が、内容も冴《さ》え、私には印象深い。徳川夢声に捧げる気持が込められていたからだろう。

エドモンド・ヒラリー　山頂の会話は無上の喜び　（平成二十七年七月十五日）

昭和二十八（一九五三）年五月、エドモンド・ヒラリーとテンジン・ノルゲイは、エベレスト初登頂を遂げた。それをたたえ、イギリス国王は、ヒラリーに大英帝国ナイトの爵位を与え、卿《サー》の称号を贈った。

昭和四十五（一九七〇）年七月、ヒラリー卿とルイス夫人は、万国博覧会のニュージランド館での行事参加のため来日、それを終えると、日本山岳会の招きで富山県の立山を訪れた。「週刊文春」編集部員の私と写真部員の角田孝司先輩は、二泊三日の行をともにした。

大阪から富山入りした次の朝、登山口に立ったヒラリー卿は、「これでやっと、スモッグの街を抜け出られた」と口にした。

その年五月に松浦輝夫と植村直己両名が、日本人として初めてエベレストに登頂した後だったので、十七年前に山頂に立ったヒラリー卿へ持ちかける話題は、ことごとく世界最高峰の征服談だった。私はヒラリー卿の語りたいことは他にあると思って、記者会見で、山野が崩されゴルフ場に変わり、海岸沿いには工業団地が立ち並ぶ日本の自然破壊をいかに見たか伺《うかが》ったのだが、通訳を務めた日本山岳会の役員は、それを取りつごうとはしなかった。

一ノ越山荘で一泊した次の朝、雄山神社に参拝。渡された鈴付きの札を胸にとめ、立山最高峰の大汝山《おおなんじやま》三千十五メートルをめざして尾根の縦走にかかった。二十五歳の私は、運動で鍛えていたのでヒラリー卿に離されることなく難所を越えられるが、他の人たちは後れをとる。足を止め、到着を待った。ルイス夫人の姿が見えると「ロー　ロー」と呼びかけた。テンジンに教わった言葉で、「急げ！　急げ！」の意味だと言った。

小休止の後、また歩み始める。これを幾度か繰り返す。この待ち時間をヒラリー卿と私はふたりだけで過ごした。

「君は日本山岳会の会員か」とヒラリー卿。私が首を振ると、「君のような健脚が会員でないのは不思議だ」と言う。ヒラリー卿は養蜂家に生まれ、蜜蜂の巣箱を担《かつ》いで丘を上がり降りし、脚力、持久力をつけたと語った。

私は乏しい英語力で、前日の質問を繰り返した。ヒラリー卿はこの時五十一歳。静かな落ち着きがあった。自分も自然が破壊されていることに心を痛めている。ヒマラヤも押し寄せる登山隊が残すゴミに悩まされている。また、世話になったネパールへの礼に、学校を建てているとも語った。この時から五年後、こうした活動のためヒラリー卿のもとに向かっていた夫人と次女を飛行機事故で喪う。

世界屈指の登山家との山頂の会話は、私には無上の喜びであったが、この日、行き交う人の言葉がヒラリー卿を悩ませた。「だってサー」「あのサー」。そのたびヒラリー卿は振り向き、雪渓では尻餅をついてしまうのだった。

立山の尾根を縦走中のヒラリー(右)と筆者（撮影・角田孝司)

三浦義武　酸味、苦味、かすかな甘味

（平成二十七年六月二十四日）

長姉の高橋久枝と私は、七歳の年の開きがある。母が病弱で寝込むことが多かったので、赤子のときは姉におぶってもらった。父を亡くしたこともあって、姉は高校を卒業すると家業を手伝った。私が中学生になると、学習雑誌を毎号買い与えてくれた。「妹《いも》の力」に支えられ今の私がある。

昭和三十二（一九五七）年春のことだった。姉が、「コーヒーを飲ませてあげる」と、私を益田駅近くの喫茶店に連れて行った。

初めてのコーヒーだった。砂糖やミルクを入れる前に、姉を真似して、濃厚な液体を口に含んだ。酸味と苦味と、かすかな甘味があった。これが三浦義武直伝のネル・ドリップのコーヒーであった。後で知ったが、戦争で郷里の三隅に疎開した三浦義武は、戦後、浜田市紺屋町に喫茶店「ヨシタケ」を開店した。そこで修業した豊田静恵さんが、昭和二十八（一九五三）年に暖簾分けして開いた店であった。

十年後、私は入社した文藝春秋の資料室で、小島政二郎著『食いしん坊』を繙《ひもと》き、そこで三浦義武と出会った。

昭和十（一九三五）年から二年間、東京の白木屋で毎週土曜日の午後に「コーヒーを楽し

む会」を開き、多くの文化人を集めた。三浦義武が淹《い》れるネル・ドリップのコーヒーの秘術を尽くした「カフェラール」が供された。「い、ブランデーにでも酔ったように酔った」と小島政二郎は書いていた。

東京銀座の「カフェ・ド・ランブル」の関口一郎さんは、「コーヒーを楽しむ会」で三浦義武のネル・ドリップのコーヒーを味わった一人である。少年のころ、大人の恰好《かっこう》をしてもぐりこんだという。偶然にも、「島根から来たんだって、三浦義武を知ってるかい」と声をかけられたことが、話し始めるきっかけであった。私の知る限り、東京で三浦義武のコーヒーの味を覚えているのは、この人だけである。

三浦義武の長男浩は、新聞社勤めのかたわら小説を書いた。外報部記者の知識を生かした国際冒険小説、また若い女性たちを主人公にした『津和野物語』など著《あら》わした。私が担当し世に出した本もある。それらのうち四作が直木賞候補となったが、いずれも受賞に至らなかった。

「別冊文藝春秋」の編集長になって、「お父様の『コーヒーを楽しむ会』を小説に書いてください」とお願いした。軍靴の響きが聞こえるなか、「味と香りの至福の時を提供した男」の一代記こそ、直木賞にふさわしいと思ったからだ。しかし、返事は、幼少のころに身についた江戸の訛《なま》りで、手厳しいものだった。

「見損なっちゃあいけねえぜ。俺は私小説なんか書くもんか。作り話で人を驚かせてやらあ」

この日、私は詫びを言って退いたが、三浦義武を物語にしてこの世に蘇《よみが》えらせたい、三浦浩に直木賞受賞の夢を叶えてほしいと、二年後、再び懇請した。返答は「またその頼みかい」と、にべもなかった。

三度目の頼みを、私はしなかった。

姉は「ヨシタケ」に幾度か連れて行ってくれた。すすめられて、おかわりを頂いたこともあった。「ヨシタケのネル・ドリップ」は後を引いた。それを察した姉が、「二杯目で切り上げるのがいいのよ」と言った。姉は、後々の身の処し方に役立つことも、私に教えてくれていたのだった。

村田蔵六（大村益次郎）日本の近代を開く

（平成二十七年七月二十二日）

ＮＨＫ大河ドラマ『花燃ゆ』は、慶応二（一八六六）年の長州再征の役《えき》にさしかかっている。幕府は四境（山陰道石州口、山陽道芸州口、周防大島口、九州小倉口）より長州へ進撃するが、敗れてしまう。

石州口の戦いは、旧暦六月十六、十七日、新暦では一ケ月後になるから、まさに今日このごろである。この戦いでは、絶命しても立ち続け関所を守ろうとした幕府側の浜田藩士岸静江のこと、萬福寺の本堂の柱に長州軍が撃ち込んだ弾丸がめり込んでいること、また医光寺の床下に埋めた幕府軍の千両箱が消えてしまったことなど、百五十年前のことを、益田で生まれ育った者は、昨日の出来事のように語ったものだ。なかでも、私が関心を抱いたのは、長州軍の指揮をとった村田蔵六（大村益次郎）である。

昭和四十（一九六五）年に出版された矢富熊一郎著『維新前夜石見乃戦』の、戦に巻き込まれた人や目撃した人の体験談は興味尽きないが、記される村田蔵六の行動は、幕末きっての指揮官といわれるにふさわしい。

村田蔵六は益田に入ると、百姓姿になり、幕府軍の立てこもる寺の位置を確かめる。このとき、現在の島根芸術文化センター（グラントワ）背後の稲積山に登っている。この山からは死角がなく益田が一望できる。このあたりを遊び場としていた私たちは、そのことを知っているが、初めて来てここに立てるのは、地勢の把握ができるからだ。

益田は戦国時代の街の姿をとどめ、道筋は屈折している。村田蔵六は所々で梯子《はしご》をかけて屋根に上がり、偵察する。家並が瓦屋根であることで、ここなら市街戦を仕掛けられると知った。たとえ火が上がっても延焼するまでに消火できるからだ。

町民に被害が及ばないように気を遣《つか》っている。幕府軍の大砲が油屋の蔵に命中し火炎が上がった。このときの村田蔵六の言葉である。

「戦は天下のためである。民を苦しませてはならない」

一時休戦し、消火にあたる。これを見た町民は感謝し、酒をふるまった。これ以降、民心は長州軍に集まったという。

山口県周南市のマツノ書店が出版した『大村益次郎史料』には、「作戦出動持参品」が載っている。そのなかに「フランス対訳字書　壱巻」「セバステポル戦争記　三冊」とある。戦陣でクリミヤ戦争のセバストポールの戦いを考察し、後の戦の作戦を立てていたのか。それが私の家の近くでなされていたと思うと、心動かされるのである。

司馬遼太郎さんが村田蔵六を主人公に『花神』を書かれていたころ、お目にかかった。このとき、石州口の戦いを明治維新の緒戦ととらえ、「益田は近代日本の夜明けの町」とおっしゃった。村田蔵六がもたらす「日本の近代」に最初に接したのが他でもないふるさとの人々だったとは。私が生まれ育ったところはそういう歴史の町なのである。

井上ひさし　子に伝えたい思い

（平成二十七年七月二十九日）

「別冊文藝春秋」の編集長となり井上ひさしさんの長く中断していた連載小説『東京セブンローズ』を再開し、完結へ向けての伴走役をつとめた。

前夫人との離婚など、家庭内の問題も落ち着き、鎌倉で新所帯を持った井上さんだが、「遅筆堂主人」に変わりなく、原稿は遅れた。

この作品は、戦後、占領アメリカ軍が進める日本語のローマ字化計画を、あの手この手を使って阻《はば》む七人の日本女性を描くものである。締め切りが迫ると、ファクシミリで幾度も催促の通信を送った。それに井上さんから詫び状が届く。

そうした通信のなかで、「上《かみ》さんが産気づきました」「三・二六キロの男子が生まれました。母子とも健全です」と伝えられた。「赤ん坊が生まれた『瞬間』、たしかに『涙の谷に生まれてきてかわいそう』と思いました。実感です」と通信の中に記してあるのを見て、私は急きょページを都合して、長男誕生の記も書いていただいた。「涙の谷」とは、進学のため上京する井上さんに、仙台の修道士が言って聞かせた「この世」のことである。

お子さんの誕生がひとつの転機になった。平成六（一九九四）年九月のこまつ座公演『父と暮せば』の初演の後、井上さんに伺《うかが》った。

五十六歳で息子を授《さず》かったとき、この子に、自分が原爆や核兵器をどう考えていたか伝えたいと思った、それがこの芝居を書いた動機である。ファクシミリの通信を交し合って、子の誕生を最初に伝えたのが私であったから、打ち明けてくださったのであろう。

四年後、戯曲『父と暮せば』が出版された。そのあとがきに次のように記されていた。

「ここに原子爆弾によってすべての身寄りを失った若い女性がいて、亡くなった人たちにたいして、『自分だけが生き残って申しわけない。ましてや自分がしあわせになったりしては、ますます申しわけがない』と考えている。このように、自分に恋を禁じていた彼女が、あるとき、ふっと恋におちてしまう」

舞台では娘の心に宿る幻の父が姿をなして登場。父は娘と語り、しあわせを願う。

昭和二十（一九四五）年八月六日広島。娘は原爆で燃える火の中で、「逃げい」「いやじゃ」と父と押し問答のすえ、父を置き去りにしたという負い目がある。それなのに死者が、生者に限りなくやさしくするのである。このような「むごい別れ」を繰り返してはならない、哀しい心遣《こころづか》いをさせてはいけないと、芝居は観る人の心に訴える。

著名人が名前を連ねた反核の声明文が、これまで幾つも発表された。それらが今日、読み返されているなど、聞いたことがない。しかし、この『父と暮せば』は、国の内外で度重ねて上演され、映画化もされて、人の心を動かしている。七十年目のこの夏、世の中での作家の役割を改めて考えている。

井上靖　歴史上、最初で最後の文章

（平成二十七年八月五日）

作家の井上靖さんは、戦争中、家族を鳥取県日野郡日南町神福に疎開させた。井上さん自身もここを訪れ、数日を過ごしている。離れて暮らす妻子の無事を祈る気持を胸に見つめた山里は、脳裡に焼き付いて、後に小説『通夜の客』『その人の名は言えない』の舞台に使われている。描かれる風景には、よく言われる山陰の陰鬱さはない。家族のしあわせを願う気持がそう思わせているのだろう。

井上さんはひとり大阪で暮らし、毎日新聞社に勤務した。そして、昭和二十（一九四五）年八月十五日を迎え、翌十六日の新聞に載せる「玉音　ラジオに拝して」の記事を書いた。

晩年の井上さんは最後の仕事のひとつに、昭和の時代を小説に著わす構想を抱いていた。日本人が、これからいかに生きるか、生きる知恵を切実に思ったのは、日本の歴史で、この終戦の日をおいて他にない。明治、大正、昭和を生きた井上さんにとっても、日本と日本人の将来を思った特別な日なのである。

井上さんは『終戦日記』と題して、その作品に使用する一章を書いていた。それが、平成三（一九九一）年に井上さんが亡くなった後、神奈川近代文学館に寄贈された一万四千点の資料の中から、発見されたと知り、私は編集を担当していた「文藝春秋臨時増刊」に掲載させていただいた。以下、文章の一部を引用する。

「雑音のために、よく聞きとれなかった人たちのために。それからまた、咬《か》んでふくめるように言わないと、よく理解できない人たちのために。息子を戦で失っている父親のために、母親のために。父親を喪《うしな》った息子のために、娘のために。

終戦の詔勅を、それを聞いた時の自分の感動を交えて綴《つづ》った。そして、それを、

――一億団結して己が職場を守り、皇国興建へ新発足すること、これが日本国民の道である。われわれは今日も明日も筆をとる！

こういう文章で結んだ。」

「――この記事を書くために、俺は新聞社に入って来たんだ。そして、いま、これを書いた。もう、これでいい、これ以上のものを書くことがあろうとは思わぬ。」

井上靖さん一生一度、日本の歴史で最初で最後の文章を書いたとの思いである。

私は昭和四十二（一九六七）年春、文藝春秋に入社した。書きあがった小説の原稿を直接手渡してくださった最初の作家は、井上さんであった。『魔法瓶』という短篇小説で、万年筆で書かれた端整な太い文字は原稿用紙の桝目《ますめ》に収まっていた。四十年近くを経《へ》て、手にした『終戦日記』も、直しの文字ひとつない清書された原稿であった。

戦後七十年。終戦の日を前に、いろいろなことが起きている。歴史は繰り返すのだろうか。井上さんが最後と思っていた記事を再び書くようなことがあってはならないと思う。

坂本九　素顔と向かい合う

（平成二十七年八月十九日）

三十年前の昭和六十（一九八五）年八月十二日、日本航空123便（ボーイング747）が、群馬県御巣鷹山の山中に墜落し、乗員乗客五百二十人が死亡する大惨事が起きた。一週たった今日十九日ごろは、多くの人々が重い悲しみのなかにいた。歌手の坂本九さんも犠牲になっていて、私にはその思いが一層深かった。

昭和四十五（一九七〇）年二月二十日午後四時半から、千代田区平河町の越後料理の店「まつ井」で、私たち世代のアイドル「九ちゃん」、坂本九さんに会った。月日も、時刻も、店の名も記すことができるのは、当時の手帖に書き入れてあるからだ。そのころ「暮しの手帖」の随想欄「雑記帳」に「九ちゃん」が亡くなった父親のことを書いた、四百字詰め原稿用紙二枚ほどの文章に関心を抱き、聞き書きして読み物にまとめ、月刊「文藝春秋」に載せるためであった。

約束通り「九ちゃん」はマネージャーとともに現れた。大ぶりの薄い青色のサングラスをかけていたが、席につくと、それをはずした。頬にはニキビの痕《あと》が深く、映画・舞台化粧のドーランのため肌の艶は失せていた。

挨拶を交わしたものの、無愛想で、私の問いかけにも、素っ気なく「ええ」とか「そうです」と答えるのみ。側にいる速記者も手を拱《こまね》いていた。

談話を取るのをあきらめ、速記者を帰し、食事をいただくことにした。卓に料理が並び、それに箸をつけるころから、「九ちゃん」がポツリポツリと話し始めた。

父親の寛さんは、明治二十五（一八九二）年生まれ。川崎で工場への「人夫入れ業」をしていて、浅野セメントや日本鋼管が得意先だった。興行も手がけ、若いころの花菱アチャコ・横山エンタツのコンビを招いていた。

「僕が芸能界に入るとき、理解のある認め方をしてくれたのも、芸人の表裏をよく知っていればのことだっただろう」

と感謝の気持がにじむ面持ちをした。

生意気盛りの高校生のころ、父親の前で、酒を飲み、酔いつぶれてしまった。酩酊から覚めた「九ちゃん」に、「あれがお前の酒量の限度だ、覚えておけ」と言って聞かせたほか、父親の「飲む、打つ、買う」の行状の数々を、楽しそうに語るのだった。また、父母は離婚し、本名は母方の大島姓であることも。これら、速記者がいなくなってからの話は、記憶するしかなかった。

私は忘れないうちに原稿用紙十五枚にまとめ、務めを果たした。どうして速記者がいるうちに話してくれなかったのか、あのときは、初めの愛想のなさをぼやいたものだが、笑顔を見せる営業用の「九ちゃん」ではなく、素顔の「大島九《ひさし》」で私に向かい合うには、速記者がいたり、テープレコーダーがまわっていては、無理なのだと思った。

五十嵐邁《すぐる》　世界的蝶研究者と「海の八甲田事件」（平成二十七年八月二十六日）

芝木好子さんの『黄色い皇帝』は、蝶に魅せられた男の物語である。この作品が「文學界」に連載されたとき、私は人事異動で編集部を離れるまで担当した。

これは五十嵐邁《すぐる》さんがモデルである。建設会社で海外の工事現場に赴《おもむ》き、余暇を使い、未解明の蝶の研究をつづけた。特に幻の蝶テングアゲハの調査で、ヒマラヤの麓、インドのダージリンに、その食樹を突き止めたことなど、世界に知られる蝶の研究者である。

五十嵐さんが昭和五十三（一九七八）年に上梓《じょうし》された『黒き日本海に消ゆ――海軍・美保関遭難事件』を手にしたときの驚きは忘れられない。これは、昭和二（一九二七）年八月二十四日、美保関沖で演習中に起きた死者百十九名を数える帝国海軍史上空前の事故の真相を明らかにしていた。衝突により、海没した駆逐艦「蕨《わらび》」の五十嵐恵艦長が邁さんの父君なのである。私はこの本を、観光文化プロデューサーとして松江に赴任するときも持参した。

このまちの海で、国を守る演習をしていて犠牲になった人々が書かれている。そういう歴史があって、今日の私たちの暮らしのあることを忘れないため、私はこの書物の再発行を考え、五十嵐さんにお願いにあがった。

「自分でも忘れかけている本を、よくぞ覚えていてくださいました」

「五十嵐さんを芝木さんの連載小説のときから存じ上げ、ご本は発売すぐに買い求めました」

この私のひとことは、五十嵐さんを驚かせたばかりか、気分もよくさせたようだ。蝶類幼生期のこまやかな描図や写真、大英博物館に収められたという蝶の複製、もちろん衝突事件の資料の数々も見せていただき、ふたりの三十年の空白を埋める歓談であった。

平成十七（二〇〇五）年暮、『美保関のかなたへ　日本海軍特秘遭難事件』と書名を変え角川文庫は出版された。これにより、「海の八甲田事件」と言われた事故のことは、日本人の新たな記憶となった。文庫化するにあたり作家の中村彰彦さんに相談した。中村さんは、知り合いの角川文庫編集部を紹介してくださり、そのうえ、解説も書いてくださった。

私は、翌年三月二十日に松江で五十嵐さんの講演会を開催した。

「当時の国際情勢からすると猛訓練をするのは当りまえ、しなければ日本は守れないと国民全員が認識していました。今でもその演習は馬鹿なことでも、酷《ひど》いことでもないと思っております。八十年前の状況は今日の思想では理解できないくらい深刻であり、悲壮であって、それを非難する必要は決してないと思っています」

講演最後のこの言葉に、今日の平和主義的観点から過去を裁く思慮のなさを教えられた。歴史をみるときの心得を、私は受けとめたのだった。

今年も八月二十三日に境港市で慰霊祭が行われた。五十嵐さんはこうした心遣《こころづか》いにふれ「文庫のあとがき」に記している。

「この土地には、他所ではとうに失われてしまった古き佳き日本が生きているように思われる」

長島康夫　高校野球史に残る名投手

（平成二十七年九月二日）

今年は「高校野球100年」とあって、ジャーナリズムは恰好《かっこう》の球児を見つけ、格別の扱いであった。だが、私たち山陰に生まれ育った者には、昭和三十一（一九五六）年夏、甲子園での鳥取県立米子東高校長島康夫投手の活躍を知っているから、見劣りしてならない。

その登場から心を動かされる。終戦後、長島さんは北朝鮮から逃避行のすえに帰還した。このため復学が遅れ、高校最後の年、三十六日間超過の年齢制限にかかり、公式試合の出場停止処分を受けた。しかし、戦争の犠牲者が差別されてはならないと、処分は解除され、十九歳で甲子園のマウンドに立つことができた。

長島投手は快投を続け、緒戦で大分県立別府鶴見丘高校を1対0、被安打2、奪三振12で完封。第二戦は準々決勝戦。相手は愛知県代表で、春夏連覇をねらう優勝候補筆頭の中京商業高校。これも3対1で退《しりぞ》けた。被安打5、奪三振5であった。テレビ中継のない時代、私はラジオの実況放送を固唾《かたず》をのんで聞いた。野球少年の脳裡に長島投手の雄姿が浮かんだ。

準決勝戦の相手は大会屈指の清澤忠彦投手を擁《よう》する県立岐阜商業高校。投手戦となり、延長十回1対2で敗れた。被安打9は両投手とも同じ。奪三振は清澤投手6に対し、長島投手は9であった。翌日のある新聞の見出しに、「熱戦十合、米東善戦空しく散る　息づまる投手戦、ただ酔う八万観衆　十回、長島遂に力尽く　決定打欠いた米子の打線」とある。

その年の大会の総評を、学生野球の父といわれた飛田穂州《すいしゅう》翁が書いた。そのなかの一節。「負けても後味の良い試合をすることが高校野球の魅力ともいうべきであろう。その最たるものは、山陰米子の力戦であった。長島の好投は老いのまぶたにいまも残る。真実を言うなら、このチームに優勝を与えたかったとも思う」

平成二十二（二〇一〇）年一月八日。東京銀座で古川誠さんの松江写真展を開いていた私を、長島さんが訪ねて来られた。書いた自叙伝を読んでほしいとのことであった。

半世紀余前、私を夢中にした投手は、白髪の温厚な紳士となっておられた。この方をもっと知りたいと思った。あの夏の日のことも。

預かった原稿は、涙なくして読めるものではなかった。父は民間召集され生死不明となる。衰弱した姉は、母親に抱かれ長島さんが脚を撫《な》でるなか息を引き取った。北朝鮮脱出の様子は私が読んだどれも及ばないものであった。そして、甲子園での戦いも心境をまじえ再現されていた。これは後に『19歳の甲子園』として、河出書房新社から出版された。

八万の大観衆の見つめるなかで、冷静にピンポイントのコントロールで力投できたのは、少年ながら戦争により大きな人間苦の体験をして、胆《きも》が据《す》わっていたから、と私は思うのだった。

白川一郎「最後の御前会議」を再現する

（平成二十七年九月九日）

昭和四十四（一九六九）年八月の終わりごろの新聞に、「最後の御前会議」の絵が完成し、千葉県野田市の鈴木貫太郎記念館に納められたとの短い記事が載った。

昭和二十（一九四五）年八月十四日、皇居の御文庫の地下壕で、最高戦争指導会議の構成員と閣僚全員による「最後の御前会議」が行われ、昭和天皇はポツダム宣言受諾を述べられた。日本を変えたこの「聖断」を、死を賭してお守りしたのが、当時の首相鈴木貫太郎氏であった。

この「最後の御前会議」の写真はない。それをどのようにして描いたか、画家の白川一郎さんを東京都杉並区のアトリエに訪ね、「文藝春秋」への執筆をお願いした。白川さんは、戦前、東京美術学校で画学生を育て、教え子の海軍入隊壮行会で、当時の鈴木貫太郎枢密院副議長に会い親交があった。「最後の御前会議」は孝子夫人からの依頼でもあった。

手記の執筆は固辞《こじ》されたが、私が談話筆記することで了解を得て、改めてアトリエに伺《うかが》った。当時の手帖に「9月9日15時40分　白川氏」とある。四十六年前の今日である。

白川さんは、その七年前に取材のため地下壕に入った。床の絨毯は剥《は》がされていたが、釘に引っ掛かっていた糸屑《いとくず》を見つけ、その色の決め手とした。幅六メートル、奥行き十メートルの会議室に二十四名が、弓なりに三列に並んで椅子に掛けた。二十年を経過するうち、出席者の多くが亡くなっていた。取材で席順は分かったものの、服装については困難を極め、生存者を集め記憶を語り合う会を開いた。描くにあたり、模型を作って、出席者全員の顔が描ける視点を探した。

こうした話をもとに書きあげた原稿を、白川さんに点検いただいた。そして修正を受けて書きなおし、また見ていただく。これを繰り返し、その年十一月発売の「文藝春秋」十二月号の掲載にこぎつけたのだった。

戦後七十年の今年、「文藝春秋」九月号の、立花隆さんの巻頭随筆に目をみはった。そこには私が筆記した文章を読んだ感想が書かれていたのだ。

「最後の御前会議」は、「日本のいちばん長い日」を扱う書物の挿絵として、しばしば紹介されているが、私が筆記した「『最後の御前会議』を再現する」を繙《ひもと》く人はなかった。

「画伯はちょっとした記憶のつき合わせをしただけであとは絵描きの想像力で補っただろうと思っていたら、とんでもない。『そこまでやったか』と驚嘆するほかないような集団的かつ物質的記憶の再現（絨毯の繊維の採取分析など）までやっていたのである」

そういえば「そこまでやったか」は、あのとき私の執拗《しつよう》なまでの手入れを施《ほどこ》した原稿を見るたび、白川さんがもらされていた言葉であった。

越路吹雪　深まる藝を堪能

（平成二十七年九月十六日）

始まりはいつも「誰もいない海」の歌だった。〽今はもう秋　誰もいない海……　歌い終えると「また、お会いしましたね」の挨拶があった。九月半ばになると、東京日比谷の日生劇場「越路吹雪リサイタル」が思い出される。昭和四十四（一九六九）年に始まり、春と秋のひと月近いロングリサイタルは、亡くなる昭和五十五（一九八〇）年の春まで開かれた。私は最後のころの秋のリサイタルに何回か続けて行くことができた。

親しくしていた作家の阪田寛夫さんは、音楽にも精通され、越路吹雪リサイタルを初回から欠かさず見て、感想を新聞に書いておられた。それを読み、いつか私も日生劇場で越路吹雪の歌を聴きたいと思うのだった。それがわかったのだろう、義母の角田文子が私と妻に切符を贈ってくれるようになった。もっとも手に入れにくい切符といわれていたものを、どのようにして都合つけたのだろう。

ステージの越路吹雪は、歌い、踊った。毎回、プロの歌手の藝を堪能した。通ううち、今年の「サン・トワ・マミー」は、去年とここが違う、「愛の讃歌」は、ここを変えていたなど、感想を抱き、この不世出の歌手の深まる藝を知った。

越路吹雪と直接話をしたことはない。原稿などの依頼は、マネージャーの岩谷時子さんを通して行った。原稿は、岩谷さんが代筆していたのだが、依頼の手紙を出すと、岩谷さんから、「越路はお引き受けすると申しておりました」と電話が入るのだった。

作詞家としての岩谷さんに原稿をいただく日もあり、そのときはお目にかかり、お話を伺《うかが》った。

越路吹雪リサイタルの前方の席は、ホモセクシュアルの人たちの席となっていた。岩谷さんにそのことを越路吹雪がどう思っているか問うた。

「越路は大変光栄なことと言っています。男性であって、女性の感覚をお持ちの方たちに感じ取っていただけるのは、ヨーロッパの藝人たちは、誇りにしているのです」

いまひとつ聞いておきたいことがあった。越路吹雪は二十九歳の昭和二十八（一九五三）年春、フランスに渡り、パリで過ごした。エディット・ピアフのステージに衝撃を受け、「私はまけた。パリで泣いた」という話は、越路吹雪を発奮させたこととして知られていたが、パリでは同じころ滞在していた文藝評論家の小林秀雄とも会っていた。当時五十一歳の小林秀雄が越路吹雪を慰め、励ます姿が想像される。

「小林さんとの思い出を聞かれたことは」

と尋ねてみた。誠実に、知るところを話してくださる岩谷さんだが、このときは、「こんど伺ってみましょうね」と、躱《かわ》されたのだった。

ペレ　支えてくれた友が偉大

（平成二十七年九月三十日）

昭和四十五（一九七〇）年十月、ブラジルのサンパウロで眠れぬ夜を過ごした。翌日の取材を思い気持が昂《たか》ぶってならないのだった。

インタビューの相手は「サッカーの王様」ペレ。その年六月、メキシコで行われたワールドカップで史上初の三回目の優勝を遂げたブラジルチームのセンター・フォワード。当時、千五十得点を挙《あ》げていた。

サンパウロの南、大西洋に臨むサントスの練習場に入った途端、手荒い歓迎を受けた。フィードルと通路の間にめぐらされているフェンスに穴が開いていて、私が通りかかる瞬間、シュートが打ち込まれたのだ。ボールが鼻先をかすめたとき、眠気は消えた。

フィールドを走り回る、小柄だが俊敏な動きをする褐色の肌の選手、それがペレであった。胴間声をあげ指示を出していた。この声なら、大歓声の中でも、チームメイトに伝わると思った。

練習を終え、ロッカールームに入ると、シャワーを浴びた。インタビューには、全裸のままトレイナーのマッサージを受けながら応じた。もちろんのこと贅肉のない引き締まった体であった。同行の写真部員の丸山洋平君がカメラを向けると、「これも写すのか」と、下腹部を指さした。私は顔の前で手を左右に振ったが、それは「王様」にふさわしい立派なものであった。トレイナーは気を利《き》かせタオルでそこを覆った。

このとき、ペレは二十八歳。クラブチーム「サントス」に入る前は、裏町にたむろするひ弱な少年だった。入団した翌年、十五歳で早くも頭角を現し、十七歳でナショナルチームに選ばれ、一九五八年のワールドカップ・スエーデン大会で四試合六ゴールを決め、優勝に貢献、世界に名を轟《とどろ》かせた。以後、一九六二年のチリ大会、一九六六年のイングランド大会、そして先記のメキシコ大会に出場した。

ブラジルのファンには、審判の目を掠《かす》め、愛嬌たっぷりの反則がたまらないという。百七十一センチのペレがヘディングで競り勝つのは、ジャンプした瞬間、相手選手の急所をしたたか捻《ひね》るからだ。

サッカー選手としての名声がもたらすコマーシャル出演料、建設会社、繊維会社の経営、銀行の顧問などしていたが、三十三歳で選手を引退した後は、体育の教師になることを考え、学校に通っているという。アジアのジャーナリストに初めてインタビューを受けることを喜び、体育学校の授業を一緒に受けようと誘う。そのような体験ができるとは、千載一遇の好機。私と丸山君、そして通訳をつとめたブラジル在住の画家間部学さん、同じく写真家の大沢道生さんは、ペレの車を追って、サントスの街をひたすら走った。交差点を信号無視して突っ走る車を警官が止めにかかったが、運転するのがペレとわかると、横の車線を通行止めにして、ペレと私たちの乗る車を優先してくれるのだった。

「みんながペレの味方なのです」

と間部さんは言った。ペレが後の生活のために学校に通っていることに感心し、協力するのだという。途中、道ゆく人々がペレの車に気付き、手を振る。対向車はクラクションを小さく鳴らし、親愛の合図を送る。このペレの人気をどのように伝えたらよいか、大沢さんに聞いてみた。「長嶋茂雄も比べではない」「もちろん」「天皇陛下でしょうか」。大沢さんは首を振り、「陛下も、アメリカの大統領も、一緒になってもかなわない、世界一の人気者だよ」と言った。


この取材の謝礼はなし。手土産に「文藝春秋」の社名と社章が白抜きされた紺地の法被《はっぴ》と千代紙のセットを差し出した。ペレは法被に興味を示し、さっそく腕を通した。

「これを着るとカーニバルでもてるね」

と満足そうだった。


グラビア頁を飾る写真撮影と一通りの取材は終えたが、ペレならではの、もうひとことが聞きたいと食い下がった。


そして、いよいよ別れ際《ぎわ》、お気に入りの写真の裏面にサインして手渡しされるとき、ペレが言った。

「私の千点のゴールより、私に千点のゴールのアシストをした友の方が偉大だ」

人柄がうかがえる謙虚な言葉と思った。

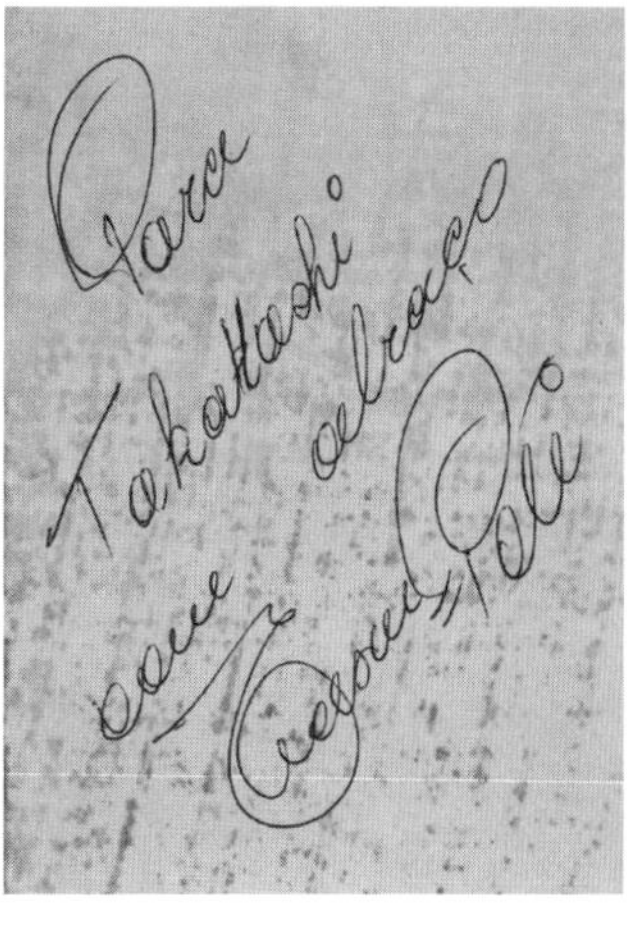

ペレが筆者に手渡したブロマイド。裏面に為書きと名が記されている。

花森安治　日本人の暮らし方を求めて

（平成二十七年十月七日）

「戦後七十年」のうち、私は五十年を出版ジャーナリズムの世界で暮らしている。その中で、絶えず意識にとめているのは「暮しの手帖」の花森安治、「文藝春秋」の池島信平の両編集長である。たがいに啓発し合い、たずさわる雑誌を百万部発行のものに、或いは国民雑誌といわれるものに仕上げた。

深い交わりの両者だが、親しさの中にライバル意識はあったと思う。私は花森さんを催しの会場でお見受けすることはあったものの、向い合いお話を伺《うかが》うことはなかった。しかし、池島さんのもとで働いた私は、折に触れ花森さんのことを聞いた。

昭和四十四（一九六九）年春、池島さんは編集部の私の隣の椅子に掛けると、その日届いた「暮しの手帖」に載っていた『商品テスト入門　花森安治』について、「一清《いっせい》、これができたら最高だよな」と言った。広告を一切《いっさい》いれない。よってスポンサーを気にすることなく編集ができる。広告掲載のすべてを引き受ける「文藝春秋」とは違うやり方なのだ。実売で得た利益で次号を作る。花森さんは出版業の理想を実現しているのだった。

十年ほど前から、私は松江で働き始め、花森さんを一層強く意識するようになった。花森さんは明治四十四（一九一一）年、神戸に生まれ、この松江の町で旧制松江高校に学び、東京帝国大学に進んだ。

ジャーナリズムの役割は、世相を観察して次の時代の新しい考えを創り出す精神の世直しである。お仕着せを排し、生活に便利な機能的なものを大事にした。流行を追わず、生活の合理化を図《はか》り、実質主義をとった。衣・食・住にわたり、こうした暮らしの思想を広め、日本に生活革命を起こす気概であった。

物を大切にと言い、いい物は長持ちすると、賢い買い物を勧めた。本来、日本人はそういう生活をしていたが、戦後、アメリカ流の大量生産、大量消費の風潮に染まり、それを忘れた。しかし、他でもない松江には、堅実で合理的な暮らしが受け継がれていることを花森さんは知っていた。

「暮しの手帖」七十七号『水の町　松江』で、「日本人の暮し方の、ひとつの原型が、ここに生きているのである」と記したのは、高度経済成長路線を進む昭和三十九（一九六四）年のことである。花森さんの夫人ももよさんは、松江の人である。青春の三年間に、花森さんがこの町で観たもの感じたものと伴侶からもたらされたものが、日本人の生活意識を問う「暮しの手帖」の編集の要素となっていると私は思った。

城のある町の人々は、特別な心情がある。「城は、町のひとの心の一番奥に、ぴったりと生きつづけ、そしていまも生きつづけている」。城を見ると町の人の心模様がわかる。松江城の作りは質実剛健。それは松江の人々の生活に反映している。

花森さんの「松江特集」の末尾には次のように書かかれている。

「日本人みんなの心になぐさめと安らぎを与えてくれるなにかが、ここに生きている」

塩谷信男　人は百歳が寿命

（平成二十七年十月十四日）

出版社で、定年退職となるその日まで編集長を務めた。年齢を重ねた者でないと思いつかない編集企画があった。そのひとつが『長寿と健康』である。ここでは迷うことなく塩谷信男さんにインタビューを申し込んだ。

塩谷さんは百歳。医師でゴルファーとしても知られていた。一ラウンドを自分の年齢またはそれ以下の数のスコアで回る「エージシュート」を八十八歳、九十二歳、九十四歳で達成していた。百歳で公式競技に出場しつづける気力、体力を支える健康法をうかがった。

「人間は百歳まで生きる」。これが塩谷さんの持論であった。哺乳動物の命は、成長期の五倍説があり、脳細胞の数が減少し始める二十歳の五倍、すなわち百歳が寿命と思っていた。

「その先は正しく生きていれば、なお五年は命がのびる」

相模湾を眺める熱海のマンションで、秋の陽をあびながらの「百翁談話」は忘れられない。

下奥歯二本を除き、三十本の歯が健康だった。玄米と野菜の食事は虫歯にかかりにくいこともあるが、食後に松葉を噛む習慣が、自分には適《かな》っていると、歯をむいてみせた。

塩谷さんは明治三十五（一九〇二）年の生まれ。病弱で「病気の百貨店」といわれた。この子は育つまい、といわれた塩谷さんだが、十四歳の時、二木《ふたき》謙三博士の提唱する腹式呼吸法に出会い、次第に体力がついた。

仙台の第二高等学校から東京帝国大学医学部に進んだ。大正十五（一九二六）年、大学を卒業し、現在のソウルにあった京城帝国大学の助教授となった。そして、東京帝国大学医学部にもどり、医局員として物療内科に入った。当直の夜、塩谷さんが「生命線療法」という、痛む個所に手を当てる治療で患者の痛みを和《やわ》らげ、回復させたことが、科学者にあるまじき行為と問題になり、大学を追われた。

町医者となった塩谷さんだが、医院は東京で一番といわれるほど繁盛。昭和天皇の信頼も篤《あつ》く、皇后の主治医を務めた時期もある。

そうしたなか、呼吸法の研究を続け、六十歳で「正心調息法」を完成させた。これは深い呼吸、正しい心、強い想念から成り立ち、腹式呼吸により宇宙の無限のパワーを体内に取り込み、心と身体の健康と正しい生き方で、幸福な人生を実現しようというものである。

「科学信仰者には否定されるだろうが、科学的に証明されなくても、私はこれで百歳を生きている」

塩谷さんは百五歳まで生き、天寿を全《まっと》うした。私も教わったことを健康維持に取り入れているが、受け容れなかったものがひとつある。塩谷さんにいくらすすめられても、ゴルフのクラブを握ることなく、今日に至っている。

増田 渉　魯迅が敬愛した松江人

（平成二十七年十月二十一日）

魯迅を慕う中国の人は、魯迅が最も敬愛した日本人増田渉が、島根県の恵曇《えとも》に住んでいたことを知っている。魯迅の書簡集が出版され、そこに記されているからだ。

増田さんは明治三十六（一九〇三）年十月、現在の松江市鹿島町恵曇片句に生まれた。「旧制松江高等学校在学中、芥川龍之介が書いた小説について問い合わせたところ、長文の返事をもらい、感激した。このことも中国文学の勉強に向かわせるきっかけになった」と語っている。

盟友松枝茂夫さんの『増田渉さんの思い出あれこれ』によれば、「芥川の記述の誤りを指摘した」とある。これが正しいであろう。増田さんの偉ぶらない、控えめな人柄がうかがえる。

東京帝国大学文学部支那文学科の学生だったころは、佐藤春夫に師事し、中国小説の翻訳を手伝っている。昭和六（一九三一）年三月、上海遊学。魯迅に会い、毎日三時間、著作について解説と講義を受けた。それは上海事変で帰国する十二月まで続いた。

それ以後は手紙による教示を受け、増田さんは魯迅の作品を翻訳した。私たちは、その平明な増田訳で、『阿Q正伝』『吶喊《とっかん》』『藤野先生』などを読んだ。

増田さんに私はいちどお目にかかっている。昭和五十一（一九六一）年十月、作家の武田泰淳さんの葬儀のおり、会場係の私は、増田さんと竹内好さんを友人席に案内した。それから五ケ月後、竹内好さんが亡くなり、昭和五十二（一九六二）年三月十日、竹内さんの告別式で弔辞を読んでいる最中、増田さんは心臓発作で倒れ、息を引き取った。

戦後、島根大学に中国文学科ができ、増田さんが教授に就任したころのことである。同僚であった駒田信二さんに伺《うかが》った話がある。

教授のひとりが学生の排斥運動にあい、教授会で辞職勧告をするか否かの最終会議が行われた。投票で決めることになり、紙が配られたときであった。それまで沈黙していた増田さんが口を開いた。

「彼の言動はたしかに良くない。非を認めようともしない。しかし、十のうち九まで悪いとしても、一のいいところを見てやるのが同僚ではないだろうか」

訥々《とつとつ》とした出雲弁、しかも訛《なま》りの強い恵曇言葉の、穏やかな話し方であった。みんな静かに聞き入った。そして、ひとり、またひとりと投票用の紙を破り始めたのだった。件《くだん》の教授は、次の教授会に出席して、みなに詫び、改心を誓った。

駒田さんは、増田さんの人格の力を感じたという。私は駒田さんに頼み、この話を幾度も聞かせていただいた。そのたび、増田さんに、ゆかしい、佳き松江人をみる思いがするのだった。

松下幸之助　頭を撫《な》でてくれた人

（平成二十七年十月二十八日）

幼いころの私は、体が大きく育ち、実年齢よりも年上に見られたようだ。動作、反応もにぶく、言葉の習得も遅く、周囲の人から知的障害の幼児と思われていたようだ。三歳のころ、私の顔をのぞきこみ、「ポッカーンとしておる、ポッカーン」とはやし立てた、ヨンヤという在日韓国人の子がいた。私は、繰り返しヨンヤに苛《いじ》められた。今なら、ヨンヤが日ごろ、苛められていたから、仕返しを、私にしていたとわかる。

べそをかいて帰ると、父は「そんな弱虫でどうする」と叱りつける。やむに已《や》まれぬ気持になり、母ツネコに泣きついた。そのとき、いつも私の頭を撫《な》でて、口にした言葉がある。

「お前はいい子よ。きっと賢い子になる。あの松下幸之助さんに、こうして撫でてもろたんよ」

私は母のこの言葉で、慰められ、励まされた。六歳の小学校入学のころには、年齢相応に成長していたと思う。

家業は昭和初期からの電気器具商で、松下製の二股ソケットを台の上に並べて売ることから始まった。ＮＨＫの放送が始まると、ラジオの販売を手がける。とりわけ戦争中は「大本営発表」を聞くため売れ行きは伸び、その整備や修理で、父は徹夜続きだったという。そのころ、私は生まれた。

母は、折に触れ松下幸之助さんの話を聞かせてくれた。母の話が、私のかすかな記憶に裏打ちされる。リュックを背負った松下幸之助さんが、訪ねられた。戦後間もなくのことだ。支払いの方法はいろいろあっただろうが、私の家ではすべて現金決済で、新札を用意し松下さんに直接手渡していた。そうしたおり、店先でチョロチョロしていた私に、「坊、おいで」と坊主刈りのおじさんが手招きした。そして、私の頭に手を置いて、撫でてくださったのだ。

それはいつのことであったか、松江出身で、松下電器産業（現・パナソニック）にお勤めだった松本耕司さんに頼み、社史室の資料などあたっていただいた。しかし、そのころの松下幸之助さんの行動の記録はなく、不明ということであった。

あのころ、父はたびたび大阪に行き、松下幸之助さんに会っている。父が「おこし」を土産に戻ってくると、数日後、父が松下幸之助さんと写った写真が届いた。私は、あの日の坊主刈りのおじさんに見入るのだった。

「お前は、この松下幸之助さんに、頭を撫でてもろうたんよ。賢い子になるんよ」

私が経済学部か商学部に学び、日本に富をもたらす松下幸之助さんの下で働くのが母の夢であった。しかし、その夢は私が、人の心を豊かにすると文学部進学を決めたとき、消えた。また、父と松下幸之助さんの写真も、昭和五十八（一九八三）年七月、益田を襲った大水害でアルバムごと流失し、消えてしまった。

齋藤茂吉　愛着と執拗《しつよう》さ

（平成二十七年十一月十一日）

歌人塚本邦雄さんの『茂吉秀歌』全五巻の編集出版を担当した。齋藤茂吉のすべての短歌から、五百首を選び評釈するものである。文中には関連する短歌の引用が随所にあり、それらを全集にあたって点検し、校正する。この作業で、近代日本の代表的歌人のほぼすべての短歌を繰り返し読むことができた。

巻末の「収録歌一覧」には、著者の求めで、その巻で扱う歌集別に作歌年代順と、他の巻に収められている歌を歌集別同じく年代順に列記したものと、二種類を掲げた。索引作りは、根気のいる作業だが、それにしてもこれまでの比ではなかった。著者のこだわりは、茂吉と同じだ、と思った。

茂吉に『手帳の記』という随筆がある。

柿本人麿ゆかりの鴨山をさがして島根県の益田を訪れた。そして、手帳を紛失する。心当たりを捜すが、見当たらない。仕方なく、次の訪問地大社に赴《おもむ》くが、翌朝、益田に舞い戻り、また捜しはじめる。前日乗った自動車で宿泊した旅館に行く。その間、車中をくまなく捜すが、ない。旅館の番頭を連れ、前の日に参拝した柿本神社に行き、歩いたあたりを捜すが、ない。絵葉書を売る店に行き、自身も上り込んで絵葉書の間、棚の雑貨の間だのを捜すが、ない。御守護授与所へ行き、賽銭箱まで調べてもらったが、ない。

茂吉は捜し続ける。高津上市の家々を尋ねまわる。「怖い顔をして、手帳を持っとらんか、隠しとらんかと聞かれ恐ろしかった」と話す年寄りに会ったことがある。

駐在所の巡査に捜索を依頼し、次に高津小学校にも行き、小学児童で手帳を拾った者は届けるよう訓導に指示を頼んだ。

高津川にかかる橋のたもとの茶店で、食事をし、ポスターを五、六枚書く。赤インキで二重丸三重丸をつけて、注意を引くようにし、「発見者には相当の謝礼をなす旨を大きく書いて、それにも赤い二重丸をつけた」

それを高津を中心に貼り、益田と停車場にも貼って、これで出なかったら諦《あきら》めようと思って山口線の列車に乗る。

手帳は、あった。茂吉は途中の青原駅の駅長から発見されたと知らされる。停車場で車を降りるとき、ポケットから滑り落ち、通りかかった運送屋の小僧さんが見つけてくれたのだ。この顛末《てんまつ》を旅館の番頭が、送り届ける手帳に添える手紙に認《したた》めたのであった。

茂吉は、昭和二十三（一九四八）年十月、七度目の石見探査を行い、湯抱温泉の青山旅館広島屋にとまった。青山開さんは、茂吉が鴨山と決めた山を望むため同行したが、「持っていてくれ」と茂吉から手帳を渡された。益田での紛失に懲《こ》りたのだろうか。「無くすなよ」と言われ緊張したという。

物への愛着とことにあたっての執拗《しつよう》さを、文学者は持ち合わせている。私はそういう方々との仕事を通して、あきっぽい性格を変えていったのだった。

堀尾吉晴　戦国はるかなれど

（平成二十七年十一月十八日）

松江で観光文化プロデューサーとして働き始めた十一年前の春、前職で世話になった方々に挨拶状を差し上げた。その文末に「城と湖のある町にお越しください」と記したものの、城のことも、築城した堀尾吉晴のこともほとんど知ってはいなかった。

白い漆喰壁は風雨にさらされると剥《は》げる。姫路城も二十年ごとに塗り替えねばならない。松江城の黒塗りの板壁は、百年もつと町の人に聞いた。城の部材には、堀尾吉晴が最初に入った富田城を解体して、運び込んで使われている。見栄をはらず、合理的で経済性を考えてのことという。確かに、これにより民の税負担も軽減されよう。

大坂城と比べて桁行《けたゆき》、梁間《はりま》、とも少なくしてある。これは恩のある豊臣家を思ってのことであろう。松江城下の人は、このような城の物語を、親は子に、子は孫に語り聞かせているのだった。

堀尾吉晴は、どのような武将なのだろう。まとまった伝記は島田成矩氏の『堀尾吉晴』一冊のみ。司馬遼太郎さんが同時代の山内一豊を書いた『功名が辻』に、わずかに顔を出すものの、堀尾吉晴を主人公の物語はない。

私は、中村彰彦さんに、堀尾吉晴物語の執筆を勧めた。

浪人であった堀尾吉晴は、豊臣秀吉に取り立てられ、その天下取りに加わった。「一命もらい受ける」と言い渡され、戦のことごとくに殿《しんがり》をつとめる。黒糸縅《おどし》を好み、二間三尺（約四・六メートル）の大身槍《おおみやり》を振る勇猛な武将であるが、無益な殺生を嫌って敵将たちに降伏を促すのである。

山中鹿介とも会っている。毛利との戦のことを夜咄《よばなし》に聞いている。また、軍師竹中半兵衛には、「いくらあまたの敵を殺したところで、その戦に大義が欠けていたら、ただの人殺し。治国平天下の志を抱いて、戦国の世を生きよ」と教えられた。

関ヶ原の戦いでは東軍につき、「天下静謐《せいひつ》となりしは、ひとり堀尾殿の功と存ずる」と徳川家康にも評価され、出雲と隠岐二十四万石を与えられた。

堀尾吉晴は決して軍功を語らなかった。中村さんは、各種の史料からその功績を読み取り、『戦国はるかなれど　堀尾吉晴の生涯』を描いた。「小説宝石」誌での連載の最後、松江城の完成を見て、感慨にふける情景を、中村さんが書いていたとき、私は松江城国宝決定との知らせを伝えたのだった。

松江城に案内したとき、四百年を経ても堅固な穴太衆《あのうしゅう》の組んだ石垣に、中村さんは感嘆した。このときと思い、「この城を築いた堀尾吉晴を書いてみませんか」と私は言った。七年前のことである。この物語を世におくり、気運を盛り上げるのが、「松江城国宝」につながるとの思いを、私は抱いていたからだった。

三島由紀夫　日光浴中の原稿授受

（平成二十七年十一月二十五日）

日本人作家初のノーベル文学賞の候補と噂されるようになった三島由紀夫さんだが、昭和四十二（一九六七）年のころ、本格的な評論はなかった。「文學界」編集部にいた私は、当時、大学院生であった野口武彦さんに執筆を依頼した。

三島作品を読み、作家の変容をたどる長篇評論『仮面の双面神―三島由紀夫の黙示録的世界』は、昭和四十三（一九六八）年三月初旬に発行の「文學界」四月号に掲載された。これは後に、『三島由紀夫の世界』と改題、出版され、三島論の嚆矢《こうし》となる。

見本誌が作家のもとに届くか届かぬうちに、三島さんから電話があった。

「あっぱれな敵が現れた。反論を書く」

その『野口武彦への公開状』をいただきに大田区南馬込の三島邸に上がったのは三月半ば、春のおとずれを感じる陽光が降りそそぐ午後であった。門扉を開錠した家政婦が、「先生は、日光浴をされています」と私を案内した。石段を上がり、芝生の庭の踏み石を渡った先に、リクライニングシートにパンツひとつの三島さんが横たわっていた。

目のやり場に困った。三島さんは、筋肉美を賞賛して欲しいのだろうが、私には男性の体に、それもジムの器具を使って作られたものに美しさは感じ取れなかった。原稿が入った封筒を受け取り、早々に引き揚げようとしたときであった。

「君、原稿を見ないで帰るのか」

「お邪魔ではないかと思いまして」

「かまわん、確かめて行きたまえ」

原稿にあたり、「確かに」と、お礼を言って顔をあげた。三島さんは微笑した。あの『潮騒』や『金閣寺』を書いた作家は、声は大きいが小柄な人だった。

昭和四十五（一九七〇）年十一月二十五日、私はタイのバンコクにいた。「週刊文春」の記者として、正月号用の海外取材をしていて、ここが最後の取材地。私は三島さんの最新作『豊饒の海』の第三部『暁の寺』の舞台ワットアルンを訪ね取材することにしていた。出かける前に、東京の編集部に電話を入れた。伝えられたのは、衝撃的なニュースであった。三島さんが、自衛隊市ヶ谷駐屯地に入り、総監室で割腹自決を遂げたという。

「大事件ですから、今号は全頁その特集でしょう。『三島由紀夫、輪廻転生の暁の寺から』とでも題して、書いて送りましょうか」

「いいよ。ゆっくり休息を取って帰国しろ。今号では三島由紀夫を扱わない」

デスクの返事に、呆気にとられているうち、電話は切れた。四十五年前のことである。

三島割腹事件を報じなかった「週刊文春」は、十万ドルで買った『フルシチョフ回顧録』を掲げ立ち向ったが惨敗だった。読者を失った。以後、「疑惑の銃弾」いわゆる「ロス疑惑」のスクープで週刊誌の売り上げトップになるまで、十五年かかった。

高橋大造　警鐘の記録集『捕虜体験記』

（平成二十七年十二月二日）

日本文学振興会が主催する芥川賞、直木賞の選考事務局の責任者を務めた。受賞を機に作家とその家族の暮らしが一変する。いつもながら賞の重さと怖さを感じた。同じ振興会主催で菊池寛賞がある。文化の領域で、いい仕事をされた方を顕彰するものである。人々に感動を与えた業績を上げた人には若い受賞者もあるが、多くがその途を長年歩まれた受賞者である。贈呈式でのスピーチは楽しみである。

菊池寛賞の選考にあたっては、各方面へのアンケート結果をもとに候補者を決めるが、事務局がさがしたものも、それに加える。

平成十（一九九八）年夏、十行ほどの新聞記事でソ連における日本人捕虜の生活体験を記録する会刊『捕虜体験記』全八巻が完結したことを知った。さっそく買い求めた。抑留者六十二万人、うち六万人が死亡した過酷なソ連強制労働体験を、延べ三百二十六名が執筆し、昭和五十九（一九八四）年から十四年かけて刊行されたものであった。

シベリア抑留というもの、東は沿海地方ナホトカから、西はウクライナのキエフにまで収容所や作業所があった。また、捕虜は男性ばかりでなく、五千人の女性もいた。軍属や陸軍病院の看護婦や薬剤師である。その中のひとりの手記も掲げられていた。

極寒の地でろくな食事も与えられず、重労働を課せられ、死者が続出する話は、全巻に及ぶが、収容所の女性軍医との交流をこまやかに描く手記も、殺人・放火などが罪状のロシアの女囚人たちとの思い出も掲げられている。

第四十六回菊池寛賞の授賞を代表の高橋大造さんに知らせた。高橋大造さんは入院中で、末期の肺癌で抗癌剤の投与をうけていたが、贈呈式に出席、その素振りも見せず対応された。賞の授受のとき、また受賞者としてのスピーチのとき、高橋大造さんに従い、関係者も起立し、直立不動の姿勢をとった。その立ち居振る舞いは、参会者に感銘を与えた。

「再び戦争と俘虜体験をいかなる世代にも繰り返させてはならないという、私たち捕虜体験者をとおして今に伝え残す警鐘の記録集です」と、『捕虜体験記』刊行の意図を語るとき、シベリアの地に埋められた同胞の魂魄を呼び寄せ、ともにいるかのようであった。

「墓標すら沈みゆく湿地に埋められし戦友《とも》らよ　白骨よ　いかにいま在る」

高橋大造さんは歌人、言葉に力があった。

それから半年後、高橋大造さんは逝った。

来る十二月四日は第六十四回の菊池寛賞の贈呈式である。受賞者には吉永小百合さんがいる。同学年で、キャンパスで会い、取材でも会った。いい文章を書く稀有な女優である。文章が巧い人は話も上手。みごとなスピーチを披露することだろう。

宮尾登美子　自らの過去も抉《えぐ》り出す

（平成二十七年十二月九日）

今年、一月五日の新聞に「松江城下町　肥前焼皿1200枚出土」との見出しで、埋れていた江戸期の最高級品の器が発見されたとの記事が載った。その中に、「中国から輸入された高級磁器『景徳鎮窯《けいとくちんよう》』の色絵中皿なども含まれていた」と書かれていた。

景徳鎮窯の絵皿とは祥瑞《しょんずい》のことであろう。これを宮尾登美子さんに知らせるため、手紙の下書きをしていたときだった。宮尾さんの訃報を聞いた。前年の暮の三十日、亡くなっていて、新年の松が取れてからの公表であった。

出土品調査が、もう少し早かったら、宮尾さんへの手紙は投函できたのにと、残念に思った。祥瑞をめぐる物語が、宮尾さんに唯一残った題材だった。それを私が担当すると約束し、「そのときは、景徳鎮へお供します」と言っていたのである。

宮尾さんとは、昭和五十三（一九七八）年春、初めてお目にかかった。

「あなたのことは宮本輝さんや『家庭画報』の江戸節子さんからもうかがっていました。会いたかった」

宮尾さんは直木賞候補になるものの、受賞にいたらず、私が担当した作品が受賞作になっていた。また、度《たび》重ねて芥川賞の該当作品を手がけていたこともあり、江戸さんたち後輩の編集者は、私が作品読みをしている若い無名の作家を注目しているのだった。そうした編集者としての私に関心を抱かれたようだ。以来、宮尾さんとは亡くなるまでお付き合いをした。

『一絃の琴』で直木賞を受けてからの宮尾さんは、次々と話題作を発表、いずれもがベストセラーとなった。舞台にかかり、テレビドラマになり、映画になった。四月十三日の宮尾さんの誕生日には、その折の映画や舞台の女優がお祝いに駆けつけ、編集者は歌合戦を繰り広げる。私も練習して出場した。歌い終わると、おのおの「次作は必ず私に」と言うのを忘れない。

宮尾さんの作品世界は広い。『天璋院篤姫《てんしょういんあつひめ》』『東福門院和子《とうふくもんいんまさこ》の涙《なみだ》』『クレオパトラ』『宮尾本平家物語』といった歴史時代小説。また、先の『一絃の琴』は音曲、『伽羅の香』は香道、『序の舞』は日本画、『松風の家』は茶道、『きのね』は歌舞伎、『菊亭八百善の人々』は料理、『蔵』は日本酒、『錦』は織物と芸道ものがある。いずれもモデルがあり、その身の上をありのままに描いている。

宮尾さんはまた、自伝的作品『櫂』『春燈』『朱夏』『仁淀川』を書いているが、これらは「自分を曝《さら》け出さないで、どうして他人の人生を描けようか」と、過去のすべてを抉《えぐ》り出している。芸妓娼妓紹介業の家業も明らかにして、『陽暉楼《ようきろう》』『寒椿』『鬼龍院花子の生涯』を書いた。

このような作家は他にいない。私は短篇集『菊籬《きくまがき》』を作り、講演旅行の随行をし、指名されるとトークショウの聞き役をつとめ、ひたすら「景徳鎮窯祥瑞」を待ち続けたのだった。

杉本章子　真実味のある嘘を書く

（平成二十七年十二月十六日）

宮尾登美子さんの逝去により、「景徳鎮窯祥瑞《けいとくちんようしょんずい》の物語」は、夢となったが、松江市母衣町《ほろまち》の地中より出土した大量の最高級品の陶磁器には日増しに思いつのった。

かつての四百石取り中級松江藩士の屋敷横の溝跡からの出土品には、いずれも焼跡があることから、延宝六（一六七八）年の大火で破損し、破棄されたものという。松平家三代綱近《つなちか》のこのころ、藩の財政は半分を借金に頼る状態なのに、「当時の最先端・最高級だった品がなぜ地方都市の武家屋敷から、大量にまとまって出土したのか、分からない」と、調査にあたった佐賀県立九州陶磁文化館の大橋康二名誉顧問の感想が新聞紙上に紹介されていた。

この謎を物語にして解き明かしてくれる作家は、杉本章子さんしかいないと思った。松江文学学校の講師として招き、松江歴史館に案内したとき、その熱心な見学姿勢に感心した。

杉本さんが、ことのほか注目したのが、松江の豪商・新屋の太助の日記であった。奉公人とはいえ番頭格の太助が、夜なべ仕事の内職に励んでいると知ったときであった。

「一清《いっせい》さん、安心した。大店の番頭が内職して稼いでいた、と書物で知り書いたものの、初めて史料で確認できた」

真実味のある嘘を書く。杉本さんの信条である。そのため調べごとは入念である。大学院では江戸の戯作の研究を積んだ。大学の図書館勤めの父親の影響だろう。父親は江戸文学を専攻し、暉峻《てるおか》康隆門下。私の先輩である。蔵書は共通し、話題は尽きなかった。

杉本さんの小説の特徴は単語の読みにあると、出久根達郎さんは言う。「質屋《ななつや》」「地女《しろうと》」「遺言状《いごんじょう》」「結納《ゆいいれ》」「相思相愛《あいぼれ》」……。いかにも江戸の匂いのする読みがなではないか。

夏の盛りであった。用件のおおよそを認めた手紙を送り、電話をかけた。思いがけない返事であった。

「癌を患《わずら》い、いま書いている『お狂言師歌吉うきよ暦　カナリア恋唄』が最後の仕事です。せっかくですが、途中で書けなくなるので、お引き受けしない方が」

「そんなことを言わないで、治ったら書くと言ってください。また待ちますから」

電話の向こうから微苦笑が聞こえた。かつて杉本さんの原稿を待った日のことを思い出していた。「もう十行」の言葉を信じて、私は二昼夜、仕上がりを待ちつづけた。そのかいがある作品の仕上がりであった。

十一月の半ば、携帯電話に杉本さんからの着信の表示があるのに気づいた。折り返しかけようか、迷ったがそのままにした。

十二月五日、前の夜に杉本さんが亡くなったことを知らされた。律儀な杉本さんのことだ、あの電話は、この世での別れの挨拶だったかもしれない。

内海隆一郎　日本のモーパッサン

（平成二十七年十二月二十三日）

杉本章子さんと前後して、携帯電話に内海隆一郎さんの着信があった。十一月半ばのことである。内海さんにも折り返しの電話を控えて過ごした。

杉本さんの訃報を聞いて、内海さんの電話が気になり始めたとき、私の方から電話する用件が持ち上がった。東京の映画プロデューサーの知人が、松江で映画を撮りたいのだが、現代もので、いい作品があれば教えてほしいという。私はすぐに内海さんの『湖畔亭』『鰻のたたき』『夜行列車』など思い浮かべた。ほかにもあるかもしれない。松江に持ってきている本をあたり、確認と作品紹介の許可を得るため、内海さんに電話を掛けようと思った。

十二月十二日朝、開いた新聞に内海さんの訃報記事が載っていた。それによると、十一月十九日に亡くなっていた。携帯電話の着信のあった数日後にあたる。

内海さんとの出会いは、昭和四十九（一九七四）年春であった。五年ぶりに「文學界」編集部に復帰した私は、芥川賞がうかがえる作品を求めて、以前に付き合いのあった中上健次さん、阪田寛夫さんなどに執筆を勧める一方、編集部を離れていた間に登場した新人作家の作品を読み、会った。内海さんはそのひとりであった。新人賞受賞作品『雪洞にて』の描写と構成に感心し、この人は将来、たくさんの物語を書く作家になると信じた。

面会した内海さんは出版社勤務で忙しく、小説を書く時間がない、しかし、会いに来てくださったことを忘れない、と言った。

十年がたち、昭和六十（一九八五）年六月に『金色の棺』、九月に『人びとの忘れもの』を出版した。荒廃した中尊寺の復興を、藤原三代のミイラ公開に賭けた僧侶とそのスクープを企図する新聞記者を描くノンフィクション・ノベル。かたや、さまざまな人間模様と人生の哀歓を繊細に描く短篇集。特に『人びとの忘れもの』は感想を綴《つづ》って内海さんに届けた。また、会う人びとにその読後感の爽やかさを伝えた。以後、内海さんは「人びとシリーズ」と呼ばれる短篇小説を六百篇超えるほど書くことになる。フランスの作家になぞらえ「日本のモーパッサン」と私は思った。

内海さんは、平成三（一九九一）年から名スプリンター故吉岡隆徳氏の旧宅を活用した出雲の斐川町にある「アカツキハウス」を仕事場とした。同町を舞台の『翼ある船は』のほか、先述の松江の作品もそうした中から生まれた。

私も何作も担当の雑誌に掲げた。また、内海さんに語ったことが紹介された文章もある。体験を熱く語ったものだが、時を経て読み返しても新鮮なのは、冷めた筆致で描かれているからだろう。内海さんはそういう作家であった。

内海さんは岩手県一関高校生のころ、水害で水田に埋もれた多くの屍《しかばね》が、腹内発酵により破裂して飛び出す情景を目におさめている。内海さんは「ハートウオーミング（心優しい）作家」といわれるが、その背後には、こうした心象風景があるのだ。

子母澤寛　猿と作家の触れ合い

（平成二十八年一月六日）

『新選組始末記』『新選組遺聞』『新選組物語』は、子母澤寛さんが新選組の生き残りや係《かか》わりのあった人から聞き取りをもとに書いた貴重な書物として知られているが、猿と過ごした随想も書き残している。

文藝春秋に入社した昭和四十二（一九六七）年春、私は初めて藤沢市鵠沼の子母澤さん宅を訪ねた。随想集『愛猿記』『悪猿行状』を読み、三代目三吉を亡くされていたのは知っていたが、もしかして四代目三吉に会えるのではと期待していた。

門から玄関までの途中に、遊び台はあったが、猿の姿はなかった。子母澤さんは私の気持を察して、「もう飼うことがままならなくなりました」と申し訳なさそうに言われた。

『愛猿記』は、初代三吉の物語である。三吉は病院長宅で飼われていたが、夫人に飛びかかり、傷を負わせたことで追放され、転々としたあげく、子母澤さんに引き取られた。

猿は主人が目を離すと悪戯《いたずら》を始める。三吉は書棚の本を引き裂き、部屋中に投げ散らす。連載小説の原稿を書き上げ、小用を足しにたった隙に、机の上の原稿を破り、糞尿まみれにして、子母澤さんは休載を余儀なくされたこともある。この時、首をつかまえ叩きのめし、主人に歯向かっても敵《かな》わないと思い知らせて、初めて躾《しつけ》ができるのだ。先の病院長夫人同様、子母澤夫人も襲われた。これは三吉が牝《めす》で、主人をめぐる嫉妬と思われる。このときも、子母澤さんは痛い目にあわせた。以後、二度と夫人に挑《いど》みかかることはなかった。

　猿回しの藝人に「立てたら百両」という言葉がある。三歩でも歩けたら、それだけでも値打ちものとも言われている。三吉も子母澤さんに藝を仕込まれた。それは夜中、あたりが寝静まったところで、主人と猿が何万回も繰り返し、習得するものという。

　子母澤さんが執筆中、三吉は胡坐の中で体を丸めて眠った。微睡《まどろみ》から覚めると、子母澤さんの脛《すね》や股をなめた。この猿の舌の感触ほど甘美なものはないと言う。嬉しいにつけ、哀しいにつけ、尿をたらし、糞をする。その始末は並大抵なことではないが、それを勝る、官能的な悦びで、子母澤さんと猿は結ばれていたようだ。

　なお、「犬猿の仲」と言われるが、「猫猿の仲」と言い換えるべきで、猫への敵愾心《てきがいしん》はすさまじいとのこと。

　子母澤さんに新選組のことより、猿のことを尋ねる編集者は珍《めずら》しがられた。これはひとえに、私が申《さる》年生まれにもよるが、

「猿を飼おうなどと思わぬことですよ。人間の赤ん坊より手がかかるから」

と釘を刺された。猿を飼うのは、人の子をしっかり育て上げてからのこと、と私は受けとめたのだった。

田中角栄　すさまじい「磁力」

（平成二十八年一月十三日）

先輩から担当を引き継ぎ、山手線目白駅近くの舟橋聖一さんの許《もと》に通うようになったのは、昭和五十（一九七五）年夏のことであった。

原稿受け取りをしていると、電話が入る。そのとき、「場をはずしましょうか」と問うと、「そうしてくれたまえ」と言われるときもあれば、「そこにいてくれたまえ」と言われることもあった。それは聞かせたい内容の電話。そのひとつが「目白会」の連絡であった。

当時の目白には、田中角栄さん、中曽根康弘さんら有力政治家が住んでいた。この中から総理大臣を出そうと舟橋さんと、やはり目白に住んでいた私の勤める文藝春秋の社長池島信平さんたちが、集いを催していた。私が通い始めたころは、総理になった田中さんが、「文藝春秋」に載った立花隆さんの『田中角栄研究』で、「金脈」が暴《あば》かれ失脚すると、次は中曽根さんを、と期待が高まっていた。とはいうもの、肝煎《きもい》りの池島さんが亡くなり、「目白会」は舟橋さんによって、切り盛りされていた。電話のとき、私を側に置いたのも、自分の存在を知らせておきたいからであったのだろう。

昭和五十一（一九七六）年一月十三日、舟橋さん逝去。十六日が通夜、十七日が葬儀と告別式であった。このようなとき、担当編集者は分担して、世話にあたる。私は誘導係であった。

十七日は曇天。風はなかったが、冷え込んだ。寒さに耐えかねて、焚火《たきび》を始めた。かつてテニス・コートであった所で、炎が上がっても安全だった。

暖を取り、各々が持ち場に散り、ひとり火の番をしていたときであった。舟橋邸に近づく男の姿が目に入った。田中角栄さんであった。警備も秘書も連れず、早い到着である。

「田中先生、まだ時間があります。寒いですから焚火にあたってください」

声をかけ、一歩二歩と田中さんに近づいたとき、私の全身に衝撃が走った。すさまじい磁力が発しているのだ。吸い寄せられるように側に行き、顔を合わせた。精悍《せいかん》な顔であった。鋭い目が、私を射抜いた。総理から降りた後で、この迫力である。総理のころ、多くの官僚たちが田中さんの前に立つだけで震え上がったと聞いたが、それは嘘とは思えなかった。

「ありがとう」

「どういたしまして」

この言葉だけ交わして、ふたり並んで、燃え盛る炎に掌《てのひら》をかざし、ともに体を回して尻も暖めたのだった。

それからひと月後、ロッキード疑獄事件が起き、七月には田中さんが逮捕された。後をたどると、あの日の焚火は、田中さんがのんびりと過ごせた、最後のひとときだったのでは、と思うのである。

寺久保友哉　読んで楽しく、心がみたされる

（平成二十八年一月二十日）

井上ひさしさんに初めて会ったとき、「寺久保さんの小説を『文學界』に載せたのは、一《いっ》清《せい》さんだったんですね。あの人をよく見つけましたね」といわれた。そして、「寺久保さんはすごい人です」と、その大きな才能をほめた。寺久保さんは幾作か戯曲を書いていて、そのひとつ文学座アトリエ公演『ムッシュ・S』を井上さんは賞賛するのだった。

北海道札幌市の精神科医である寺久保さんが同人雑誌に書いた小説を、「文學界」に転載したのをきっかけに、次々と作品を誌上に掲げた。それらは、いずれも芥川賞の候補になったが、受賞には至らなかった、しかし、小さな殻に閉じ籠《こも》る芥川賞作品の傾向を打破し、小説を読んで楽しく、心がみたされるものにしてくれる作家として、寺久保さんに期待したのだった。

寺久保さんは、江戸時代の画家であり、俳人である与謝蕪村に関心を抱いていた。その絵を観ると、心が和《なご》むと言い、自身も蕪村風の句を作った。

蕪村の年譜を見ると、生まれてから二十一歳までの記述がない。なぜか。それは蕪村が黙して語らなかったから。寺久保さんは蕪村が秘めたこの過去にこだわった。

精神科医が患者を理解する方法のひとつに「木《バーム》のテスト」がある。患者が描いた木を分析し、その枝分かれの様子などから、隠された事実を年齢とともに浮かび上がらせる、シャー

ル・コシュの考案した検査方法である。蕪村が六十三歳の時に描いた「寒林孤亭図」に描かれた樹木を「木のテスト」にかけた。そして、蕪村の幼少年期が判明した。

蕪村は二歳まで母の生家で過ごした。十二歳で母を亡くした。十七歳のとき、初めて出生の秘密を知り、それから四年間、思い悩み続けた。二十一歳で、全幅の信頼を寄せた師の早野巴人《はじん》と出会った。

寺久保さん自身も、幼少年期に父と母のことで愛憎深い出来事を経験していた。東京の親《おや》許《もと》を離れ、北海道の学校に進んだ。蕪村の幼少年期は、そのまま寺久保さんとも重なり、それゆえに、蕪村にひかれるのだった。

一連の作業を通して、わかったことと、自分自身の内面を照らし、心に巣くっているものを小説にして抉《えぐ》り出すことをすすめた。そういう作品が、芥川賞にふさわしいと思った。

私は編集者として、芥川賞の亡者になって、寺久保さんに作品を求め続けた。この賞が、決してすべてではないのだが、私は寺久保さんに芥川賞を獲《と》ってほしかった。しかし、寺久保さんの考えは違った。それら「木のテスト」から得た生い立ちに係《かかわ》る情報をもとに、蕪村の生涯を描く長篇小説『蕪村の風影』を書いた。

作家は生きた証《あかし》を作品にして残す。寺久保さんにとっては、芥川賞などと関係なく、この蕪村の物語だった。これ以後、作品はない。

寺久保友哉さん平成十一（一九九九）年一月二十二日逝去。大きな才能がこの世からなくなって、十七年になる。

アントン・ヘーシンク　少年のやわらかい心

（平成二十八年一月二十七日）

多くのスポーツ選手に出会ったが、わけても記憶に残るのは、オランダの柔道家アントン・ヘーシンクである。その名を知ったのは、高校生のときであった。柔道部の部屋をのぞいたら、壁に貼った紙に「打倒！　ヘーシンク」と書かれていた。

昭和三十六（一九六一）年の第三回世界柔道選手権大会で、連覇をねらう日本選手を破り、外国人では初めて王者になった。このときの、日本柔道界が受けた衝撃は大きく、地方の高校の柔道部員も震撼させた。三年後の東京オリンピックでは、日本柔道の最強の敵と言われるようになった。

果たせるかな、無差別級決勝戦で日本選手を袈裟固《けさがため》一本で下し、金メダルを獲得した。この大会で正式競技として初めて採用された日本のお家芸の柔道、しかも地元開催で、この敗北は、日本人を落胆させた。

しかし、これにより柔道が国際的なスポーツになった。ヘーシンクが勝ってなかったなら、柔道は日本人のみのスポーツとみなされ、引き続いてオリンピックの正式種目にならなかったと、いわれている。

昭和四十六（一九七一）年六月初め、ヘーシンクが来日、奈良の天理大学の柔道部の練習に加わるという。得た情報をもとに、同じ新幹線に乗り込み、車中で「週刊文春」のグラビア頁の取材を申し込んだ。快諾を得て、三泊四日をともに過ごすこととなった。ヘーシンクにはオランダからの仲間ふたりが同行していた。

天理大学の道場へ通うものの、四六時中、柔道着を着ての練習ではない。昼寝の時間もあれば、散歩もする。立ち寄った蕎麦屋では、箸を器用に使った。ヘーシンクが左利きであったのを、初めて知った。もしかして、この巧みな左手遣《つか》いに日本柔道は翻弄されたのかもしれない。

中一日は、大和の古寺巡礼に連れ出した。興福寺、唐招提寺、法華寺、東大寺。その移動中のことだった。ヘーシンクはタクシーの無線に関心を示した。ほかの車に乗っている仲間と話したいという。不可能だと伝えるのだが、ヘーシンクの好奇心が勝り、無線のマイクを奪うと、オランダ語で後続の車の仲間と交信を始めたのだった。

次の日のお八つには、スイカを頬張った。口に含んだ種を吹き飛ばし、顔を合せて笑った。ヘーシンクは当時三十七歳、私より十以上年長なのに、弟のようであった。

いつものことだが、偉業をなす人には、少年が残っているように思えてならない。ヘーシンクを指導した人が、みながみな、その性格の素直さと教えたことの吸収の早さに感心している。私は、伸びる力は、その人に残っている、少年の柔らかい心がもたらすものと思う。

坪田譲治　飾らない、穏やかな文士

（平成二十八年二月三日）

学生時代、最初の下宿は、東京都中野区鷺宮にあった。閑静な住宅地の一角、二階の三部屋を学生に貸し、安い料金で賄《まかな》い付きであった。

昭和四十（一九六五）年の寒中のことだった。深夜になると、「助けてくれ」「誰か来てくれ」と老人の叫び声が聞こえるようになった。隣の借家に住む妹尾正男さんが叫んでいるのはわかっているのだが、下宿の主人も近所の人も、日ごろの高飛車な態度に懲《こ》りて、近づこうとはしないのだ。

三日目の夜、私は堪《こら》えかね、隣室の先輩と妹尾さんの家に入った。そこはごみの山であった。凍てつくほどの冷え込みなのに、異臭《い》が鼻についた。土足で上がらざるを得ない汚さである。ひとつの裸電球のもとで、外套を着込み、布団らしいものにくるまっている妹尾さんに近づいた。髪はのび、髯は顔をおおっている。

「助けてくれ」の次に、「ツボタジョウジを呼んでくれ」と言い続ける。作家の名前が出てくるとは思いもよらぬことであった。

「児童文学の坪田譲治さんのことですか」とただすと、大きく頷《うなず》いた。

翌日、坪田さんの住所を調べ、紙に記し、下宿の主人に渡し、借家の家主に取り次ぐよう頼んだ。

二日後、坪田さんが家主に案内されて、妹尾さん宅を訪ねられた。朝の登校前の時間で、私は居合わせて、坪田さんに会えた。

「妹尾君、見舞いに来るのが遅くなって、ごめん、悪かった」

家主はゴム長靴を履き、坪田さんにもすすめたが、坪田さんは玄関で下駄を脱ぎ、足袋のまま妹尾さんの側へと歩み寄り、「ごめん、悪かった」を繰り返した。大きい声だったので、門口にいる私の耳にも届いた。

ふたりは岡山の中学校の同級生である。明治二十三（一八九〇）年生まれの坪田さんは、そのとき、七十五歳。妹尾さんは五歳年長で、東京外国語学校を卒業し、ブラジルに渡った。この渡航費、また二十年後に帰国してからの生活費など、坪田さんが世話されたことや、『独習ブラジル』の著書もあると後で知った。深夜に上がりこんだとき、壁にはブラジルの地図が掛けてあったのを覚えている。

この日、坪田さんは、家主に頼まれて、妹尾さんに施設に入るようすすめておられたが、その必要もなく、数日後、息を引き取った。このときも、坪田さんは立ち合われた。飾らない、穏やかな文士の姿であった。私はその情景を級友たちに話して聞かせた。

季節がめぐり、梅雨のころだった。「君の話してくれたことを、坪田さんが小説に書いている」と、級友が雑誌「小説新潮」を渡してくれた。それに『親友妹尾正男』が掲載されていた。文章には、何ひとつ嘘がなく、ありのままが書かれていた。感心する私に、「君の話が坪田さんの文章と、少しも違っていないので驚いたよ」と、友は言った。

本田良寛　温情を持って叱る

（平成二十八年二月十日）

三つ下の妹高橋益子が亡くなってから、この二月十三日で四十四年になる。大阪で独り住まいをして、婦人帽子を作る加藤晴己さんのアトリエに通っていた。布を染色し、花飾りを作るのが得意であった。

十二日夜は、近く結婚式を挙げる高校の同級生の依頼の花を日付が変わるころまで作っていた。ガスストーブの前に花々を置き、乾かした。疲れた体で、ストーブの火を消し、ベッドに入った。このとき、元栓を閉めていたらと悔やまれる。作業した部屋のストーブまでホースを継《つ》ぎ足していた。その繋《つな》ぎ目がはずれ、就寝中にガスが漏れての中毒死だった。

悲報を聞いたのは、十四日の夕。十五日朝に、郷里の益田から駆け付けた母や姉たちと死んだ妹を囲んだ。穏やかな顔をしていた。苦しみはなかったのだろうか、と思った。

益田での葬儀を済《す》ませ、改めて大阪に行き、加藤さんに会った。

「兄のあなただけには教えておきますね」

妹の最期の様子を伝えられた。発見されたときの妹の形相は、苦しみ悶えて、正視できるものではなかった。日ごろから、自分の娘のように、可愛がっていた前の家に住む本田良寛医師が見て、「これでは家族に見せられないな」と、顎の骨を外し、元の顔にする施術をおこない、肢体の関節も直し、寝姿の妹にした。

「しっかり見ておけと言われたので、すべて見届けました。そのあと、泣きながら化粧をして差し上げました」

これを聞いたとき、妹がこの世にとどまろうと、あがき苦闘したのだと思え、私は、また一層妹を哀れに感じた。

本田良寛医師のもとに、挨拶に行った。「良寛先生」「西成の赤ひげ先生」と妹の話にしばしば出る方だったが、会うのは初めてであった。妹は「りょうかん」と言ったが、「よしひろ」と読む。大阪西成区のあいりん地区・釜ヶ崎で、貧困に苦しむ人々への医療にあたり、当時は、大阪社会医療病院長であった。とはいえ、白衣を着ないで作業服姿。患者と接するときも、マスクなど付けない。そのために、何度も結核に感染したという。気さくな相談相手という感じを私は抱いた。

温情を持って、叱ることもあった。今日の数千円の金のために体をこわし、後で数万円の医療費を払うことになる愚かな売血をいましめた。保険証も、金もない人たちに、医療費は暮らしにゆとりができたときに返せばいいと、言っていた。これは妹や加藤さんが聞かせてくれた良寛先生の日々の姿である。

二十四歳の人生は短い。妹はしたかったことをたくさん残していたことだろう。私も、妹にしてやりたかったことを幾つもやり残している。悔いてもしようがないのに、妹の名を呼んでは詫びて、また悔いる。よい人と出会い、最後にいい顔にしていただいたことがせめてもの慰めである。

藤本義一　ばんばん書くんやで

（平成二十八年二月十七日）

昭和四十（一九六五）年に始まり二十五年間続いた「11PM」は、東京は大橋巨泉さん、大阪は藤本義一さんがキャスターを務めた。深夜とあって色気も加味した人気テレビ番組だった。週二回の藤本さんにはこれまでにない、乾《かわ》いた関西の風が感じられ、あかず見ていた。

入社した文藝春秋で、芥川賞・直木賞の社内委員になり、下読みをすることとなった。当時、発行していた「漫画讀本」には、ときどき執筆していた藤本さんが、昭和四十三（一九六八）年、『残酷な童話』を刊行し、私は下読み作品のひとつとして読んだ。これまで目にしていた読み物とは違い、奇妙な味の小説だった。

それに前後して、所属の「別冊文藝春秋」に、「元文学青年の記」という企画を立て、藤本さんにも原稿をいただいた。『月産一千枚の日々』とある、その題名通りの内容で、すごい人がいる、と思った。

原稿の依頼は手紙で行い、執筆の諾否は電話で伺《うかが》ったが、このとき、「『元文学青年』か、俺はまだ現役やけどな」とぼやかれた。私の不勉強であった。藤本さんは学生時代から多くのドラマの脚本を書き、大学生ながら芸術祭文部大臣賞戯曲部門を受賞し、そのころもテレビ出演は余技で、関西では売れっ子の脚本家であった。

昭和四十五（一九七〇）年、大阪で働いていた妹を訪ねた日、妹の知人が藤本さんに引き合わせてくださった。このときには、藤本さんはすでに二度直木賞の候補になっていた。妹も、藤本さんも直截《ちょくせつ》には口にしないが、直木賞の受賞を心待ちにしているのがわかった。

藤本さんは、四度目の候補で昭和四十九（一九七四）年夏、直木賞を受賞するが、このとき妹は、この世にいなかった。授賞式の会場で、私は藤本さんに言った。

「妹もきっと喜んでいると思います。これから、ばんばん書いてくださいよ」

たくさんの仕事をいただいた藤本さんだが、改まって挨拶もしないで、私は松江で働くようになった。そして四年目、私は初めての著書『あなたも作家になれる』をＫＫベストセラーズから上梓《じょうし》した。

二ケ月ほどたったころだろうか、藤本さんから電話をいただいた。

「ええ本やなあ、編集者の小説に向かう姿勢がよくわかった。妹さんもきっと喜んでいると思うで。これから、ばんばん書くんやで」

授賞式の日、私が言った言葉そのままだった。これが藤本さんと話した最後であった。平成二十四（二〇一二）年十月三十日、逝去。

『あなたも作家になれる』は、『芥川賞・直木賞をとる！』と書名を変えて、河出文庫版が出版された。刊行されて二ケ月たつ。藤本さんが存命なら、「ええ文庫になったなあ」と電話をくださることだろう。

司馬遼太郎　語りながら、思索を深める　（平成二十八年二月十九日）

司馬遼太郎さんが文化勲章を受けられたのは、平成五（一九九三）年であった。十一月三日、皇居での授与式があり、中一日おいた五日、私たち文藝春秋社員八名ほどが、司馬さん夫妻を囲んだ。

夜九時から、夫妻が滞在中のホテルオークラ・オーキッドバーで、みどり夫人が人選した気の置けない者たちの集いであった。田中健五社長が最年長、当時、「別冊文藝春秋」編集長を勤めていた四十九歳の私が一番の若輩だった。司馬さんとは入社ほどなくより、文を交わし、幾度かお目にかかっていた。

「このごろ、一清《いっせい》さんの手紙が読みたいな、というのよ。手紙を書かれると、頼みごとをきいてくれそうよ」

みどり夫人が、こっそり電話を下さることもあった。

皇居で佩用《はいよう》された勲章を見たいと、お願いした。夫人は部屋に戻り、箱に入った勲章を持ち出して、みんなの前に置かれた。天皇から親授されたものを、それぞれが掌《てのひら》に受けた。司馬さんの勲章は重たかった。

「佩用していいですか」

私は伺《うかが》った。

「いいよ、してごらん」

このときの司馬さんの微笑が、今でもまぶたに浮かぶ。私のあと何人か続いた。文藝春秋社員のこの無邪気さ、そして好奇心を司馬さんは好まれていたと思う。

膝を交えてお話しできる、せっかくの機会である。上京され、こうした集いを持たせていただく折は、司馬さんの座談を楽しみにした。この夜の最初の話題は「朱子学」についてであった。「儒教」も中国の宋の時代から、朱子学（宋学）が派生し、正邪分別をいうようになった。そうした理屈に陥《おちい》った朱子学に司馬さんは距離をおいた。

語りながら、思索を深め、それを「文藝春秋」巻頭随筆の『この国のかたち』に書かれる。このときの話は第一〇九「宋学」にまとめられている。

この夜、司馬さんが最もこだわった話題があった。そのころ、「週刊文春」が行っていた「皇室問題」、とりわけ「美智子皇后バッシング」ととられる記事についてであった。この特集記事の衝撃で、皇后は言葉が出なくなった。

「皇室のことはふれたらあかん。あれは象徴なんだ」

司馬さんは、何か感じておられたのだろう、それから間もない十一月二十九日、田中社長宅に右翼関係者によって、二発の銃弾が撃ち込まれた。

正邪を問うより、ことの本質を見きわめ、その可能性を見出す、おおらかで、健全なジャーナリズムこそ、司馬さんは私たちに求めていたように思う。

（「山陰中央新報」司馬遼太郎没後二十年によせて『司馬さんの座談』）

木下順二「群読」に共鳴する「朗読」

（平成二十八年二月二十四日）

昭和三十年代から四十年代、私が学生のころ、国公立大学の教授定年は六十歳だった。私の学んだ私立の早稲田大学の定年は七十歳。教授枠も融通をきかせ、定年を迎えた教授を招き入れていた。東京大学教授を退官された国語学の時枝誠記《もとき》さんも、そのひとり。私には忘れられない、ある日の講義がある。

時枝さんの考えでは、日本語は等しい長さの音を連ねて発声される。また、それぞれの言語には固有の抑揚があるが、日本語にはそれはなく、あっても希薄である。この特性を生かして『源氏物語』を朗読すれば、ということで「桐壷の巻」の冒頭（いづれの御時にか女御更衣あまた……）を披露された。

「い・ず・れ・の・お・ん・と・き・に・か・に・よ・ご・こ・う・い・あ・ま・た……」

機械の発信音を聞くようであった。これにはいまひとつ理由があった。学生時代に聴いた島津久基《ひさもと》教授の『源氏物語』の朗読が、抑揚のある感情を込めたもので、時枝さんにとって、それは島津教授の『源氏物語』で、国語科の朗読とは思えなかった。教材をつとめて純粋に伝えるのが、教育ではないかとの考えから生まれたものだという。とはいうもの、そのときの私には奇妙な朗読法としか思えなかった。

昭和四十二（一九六七）年春、文藝春秋の新入社員の私は、木下順二さんにお目にかかった。短い随想の原稿依頼だが、会っていただけることを幸い、文京区向丘のお宅を訪ねた。とはいうもの用件が終わると、学校演劇で楽しんだ『夕鶴』を話題にするしかなかった。次の回は、同じ話とはいかない。発表された新作の感想を述べ、次作への抱負を伺《うかが》う。「『平家物語』の朗読劇を考えていてね」

このひとことがきっかけであった。私は時枝さんの朗読法を、木下さんに紹介したのだった。木下さんは、耳を寄せ、時には目をつむり聞いていた。終えると、「もう一回、聞かせてほしい」と言われた。その日、私は三回繰り返した。以来、お宅を訪ねると、時枝朗読法による『源氏物語』の披露となった。

昭和五十三（一九七八）年、「文藝」に発表された木下さんの戯曲『子午線の祀り』が舞台で上演された。現代語の台詞と『平家物語』の朗誦、とりわけ一糸乱れぬ「群読」は、圧倒的な言葉の力で観衆を魅了した。この「群読」の表現形式は、披露した時枝朗読法の『源氏物語』の響きと共鳴して私には聞こえる。

木下さんの「群読」は、今日、演劇界では発声法の基本訓練の場でも、取り入れられ、成果を上げているという。

時枝さんの講義は、病気入院のため六、七回で終わった。わずかな講義の中の、しかも挿話のひとつである。同級生でも覚えている者はほとんどいない。

束の間の私の記憶が、木下さんへと渡り、新しい何かを生み出した。教育の成果といっていいかもしれない。

中上健次　三月三日の見舞い

（平成二十八年三月二日）

没後二十五年が近づき、作家中上健次が再評価されている。小学館では、四月から電子全集の配信を始めるという。紙に印刷された集英社版全集があるが、時はめぐりこの作家の全容が、最新の科学の出版技術でよみがえるのである。

昭和四十二（一九六七）年秋、私は中上さんに会った。所属する文芸誌「文學界」編集部では、新年企画に詩の欄を設け、その執筆を依頼した。投稿誌の「文藝首都」に発表する中上さんの詩やエッセイを、粗削りながら新しいと感じたからである。

中上さんは出版社を訪ねるのも、編集者に会うのも初めてだった。私は中上さんを作家と対応するサロンに、ためらわず通した。しかし、セーター姿の若者を、サロンに入れたことは、問題になり、お叱りを受けた。私は初めて上司に言い返しをした。

「中上さんは、必ず大物になります、十年後、二十年後を見てください」

一行の文章も、手にしていないところで、私は感じたまま言葉にした。言ったからには、編集者としてそうしてみせる、と心に決めた。

中上さんは、予備校生と言ったが、そのころは、学校には行かず「フーテン」をしていた。後に、「一清さんが声をかけてくれなかったら、あの連続殺人事件を犯した永山則夫のようになっていた」ともらしたことがある。境遇が似ているとも言っていた。二人は、ある時期、同じ新宿の喫茶店で、たむろしていたのだった。

中上さんは詩から小説に移り、既成のものを打ちこわそうとする若者のたぎる気持を書いた。私がいただいた『岬』で、昭和五十一（一九七六）年一月に、芥川賞を受賞する。以後、昭和文学の幕引きをし、平成の文学を開く作家活動をする。

編集者として、将来の夢をえがいた。ほぼ十年ごとに私と仕事をしていた。『岬』を書いていただき「文學界」に掲載したのは、出会いから八年後、その十年後に、私は出版部にいて『火まつり』、そして『讃歌』を単行本にして世に送り出した。次の十年後の仕事を願っていただが、癌を患《わずら》い、夢に終わった。

中上さんとの最後の仕事になった『讃歌』は、「文學界」に連載した作品である。単行本用のゲラに組み上がった作品を、中上さんの許《もと》へ届ける前に精読した。随所に手入れをしてほしい文章があった。ゲラの上段の余白に鉛筆で注文を書き込み、それを携《たずさ》えて中野の喫茶店で面会した。私は、気だるそうな顔の中上さんに単刀直入に言った。

「手を入れてほしい文章があるんですが」

中上さんは、ゲラを引き取ると、さっそくボールペンを握って直しにかかった。二箇所目から三箇所目にかかったとき、中上さんはボールペンを置いて、私の顔を見た。会ってすぐのときの顔ではなかった。言葉遣《づか》いも変わった。

「何日もらえますか」

手直しを求めている箇所の問題の深さがわかったのだ。文章も緩慢《かんまん》になっていた。

「二十日ほどでいかがでしょう」

「あのころも、こうして見てもらいましたね」ともらした。『岬』を書いたときを思い出しているのがわかる。しかし、こういうときの返事は心しなければならない。私は、ここでも「そうでしたかね」と言うにとどめた。作家は出発のころの労苦を忘れることはないが、それを自ら語っても、たとえ苦労をともにした編集者でも、他者からは触れてほしくないのである。おしなべて、有名になった人は、無名だった時代はないと思いたいものなのである。『岬』は覚えているだけでも九回の書き直しを求めた作品だった。

平成四（一九九二）年三月三日、東京信濃町の慶応病院に中上さんを見舞った。放射線治療で髪が抜けた頭に野球帽を被《かぶ》っていた。

「今日、なぜ私が見舞いに来たかわかりますか」

中上さんは、「うん、わかる」と力ない返事をした。中上さんが生涯でもっとも好きであった兄が、庭の木に綱をかけ、首をつった日なのだ。死の理由を究め、生と死を想う、これが作家中上健次の原点である。

私は、ベッドにかがみ、中上さんのやせた肩を抱いた。

「また、会おうな。きっといつかまたな」

出た言葉は、友か弟に対する口調になった。これが中上さんとの別れとなった。その年八月十二日、中上さんは故郷紀州の海が見える病院で、四十六歳で命を閉じた。

昭和五十（一九七五）年。『岬』を発表直後。故郷の新宮を見下ろす中上健次さん（撮影・筆者）

山口淑子（李香蘭）　口が堅かった

（平成二十八年三月十六日）

昭和史に記される人物で、会って話を聞きたいと思う人がいる。そのひとりが山口淑子さんであった。日本人でありながら、中国人「李香蘭」になり切り、映画に出演、歌手として数々のヒット曲を唄う。終戦後、中華民国政府から「漢奸（売国奴）」として軍事裁判にかけられ、上海競馬場で銃殺刑になるところに、日本の戸籍謄本が届けられ、漢奸罪はまぬがれ、国外追放となった。日本に引き揚げると、映画女優として活躍。引退後は、テレビのワイドショーの司会を務めた。海外取材にも赴《おもむ》き、北朝鮮の金日成国家主席と会談、また日本赤軍の重信房子へのインタビューなど行った。

私が初めて山口さんに会ったのは、そのころで、昭和四十五（一九七〇）年十二月七日、田中角栄の要請で自民党選出の参議院議員になる前である。「週刊文春」のグラビア企画「一枚の写真」に、とっておきの写真とその思い出をいただくためであった。前もって用件を認《したた》めた手紙を出していたのだが、その日は会って話すだけ。次の日は、あれこれ考えているとのことで、写真の提出はなし。三日目にしてやっと、チャーリー・チャプリンが昭和三十六（一九六一）年に来日したおりの、ふたりで写った写真を渡された。繰り返し会ったのは、私が信用できるか窺《うかが》っていたのだろう。

以来、議員になってからも、いい写真があるから、見にいらっしゃい、と電話が入るようになった。リビアの最高指導者カダフィやパレスチナ解放機構のアラファト議長に面会したときの写真を見せ、彼らのことを語り聞かせるのだった。

昭和六十二（一九八七）年に、山口淑子・藤原作弥共著『李香蘭　私の半生』が出版された。読みながら、「そうだったのか」と納得したり、「そうだったろうか」と疑問を抱えたり。山口さんに確かめてみたいと思った。

この機会しかない、と思うめぐりあわせがあった。二十世紀の終り、私は『私たちが生きた20世紀』という「特別版　文藝春秋」の編集長になった。このとき、誰よりも先に山口さんにインタビューを申し込んだ。処刑寸前の心境を、さらに満洲映画協会（満映）での甘粕正彦理事長のことを、そして数奇な運命の苦労話を聞きたいと言った。山口さんは、しばらく考えて、「別の話をさせて」と、三十年前と同じチャップリンを語るのだった。

満映撮影所の近くに、朝日新聞の記者であった叔父渡辺正男の一家が住んでいた。ふたりの幼い従姉が遊んでいると、撮影所を出た女優たちが声をかける。その中に、李香蘭もいたはずである。この従姉の思い出を話そうか、会うたびに考えた。結局、最後まで口にしなかった。それで親しみを増す人もいれば、逆に知り過ぎる者をさける人もいる。山口さんは後者だと思ったからだ。

山口さんとは、しばしば話す機会があった。しかし、肝心なことに関しては口が堅かった。

秦佐八郎　慈悲

（平成二十八年三月二十三日）

明治十九（一八八六）年の学校令によって、各県ひとつの中学校と決まり、島根県では松江中学のみを残し、それまであった島根県立浜田中学校は廃校になった。今日の浜田高等学校の前身である島根第二尋常中学校が、明治二十六（一八九三）年に開校するまで、石見地区に公立の中等教育の場はなかった。

少年期の知育、徳育、体育を集団生活の中で行う中等教育の重要性は、今も昔も同じである。困り果てた末に、各地で私塾が開設された。私の故郷の益田では、真宗教徒の説教所を使い進徳義塾を開き授業を行った。明治二十（一八八七）年に開校。当初、今の益田市遠田の浜辺の近くの建物が使われてたが、入塾生が増え、染羽《そめば》の医光寺に移転した。町の人は「医光寺の学校」と呼んで親しみ、塾生たちを見守った。

進徳義塾では、「国語漢文」「英語」「歴史」「数学」「物理」「兵式教練」を教えた。修業は三年。授業の内容は、たとえば漢文では『文章軌範』を教材に、かつて中国の科挙の作文の規範とされた唐や宋の時代の名文を教えた。英語の授業では、イギリスの思想家カーライルの『英雄崇拝論』の講読をしている。教師は熱心に生徒を導いた。その成果を知るエピソードがある。

美術史家フェノロサが、美術品調査のため医光寺を訪ねたとき、塾生たちは整列して迎え、塾生代表が英語で歓迎の辞を述べた。その夜の講演会では通訳も務めている。わずかな歳月でここまで成果を上げる、これが明治の日本人の力である。

この塾で、後にドイツ人エールリッヒと梅毒の治療薬サルバルサン（俗称６０６号）を発見する秦佐八郎さんも学んだ。進徳義塾から岡山第三高等学校医学部に進んだ。ある日の試験のときのことである。答案に教えていないことが記してあるのを見た教師が、疑問を抱き、尋ねると、秦さんは図書館にある英語文献をあげ、説明したという。

ドイツに留学して、ペスト菌の研究をした。その学会発表を聞いたエールリッヒが、八年も研究に携《たずさ》わり、患者と接していながら、一度も感染していないと知り、徹底した衛生管理に感心し、共同研究者の依頼をした。山陰の人の勤勉さ、一途《いちず》さを知る話である。

後年、秦さんは北里研究所附属病院の皮膚科で患者を診察し、サルバルサンの注射も自ら行った。欧米からも外来患者があったが、特に力を注《そそ》いだのは、梅毒に感染して生まれた子ども、感染のために子を出産できない母親の治療であった。

サルバルサンを男性のために研究したのではない。淫《みだ》らな行為に耽《ふけ》った愚かな男どものため被害に遭《あ》っている弱きものを救うためであった。私はここに、秦さんの慈悲を感じる。それは仏教寺院の学びの日々に授《さず》けられていたと思う。

なお、共同研究者エールリッヒにはノーベル賞が授与されているが、秦さんにはない。人種的偏見ではないかと言われている。

夏樹静子　母と子の絆

（平成二十八年三月三十日）

桜の開花が告げられた福岡から、夏樹静子さんの訃報が届いた。長い歳月、原稿を読み、編集する雑誌に掲げ、本に収め、世に送り続けた作家が、またひとり世を去った。

夏樹さんとの出会いは、昭和五十二（一九七七）年初夏であった。ご主人の勤務の関係で名古屋に住んでおられた。朝、ご主人と娘さんを勤め先や学校に送り出し、息子さんを幼稚園に送り届けてから、その迎えまでの時間を執筆にあてておられた。

そのとき渡されたのは、「オール讀物」に掲載の長篇推理小説『遠い約束』であった。ホテルに持ち帰り、読み込んで問題点を洗い出し、次の朝に手入れを頼み、その次の日に直された原稿をいただき、東京に持ち帰った。生命保険の加入者の告知義務が十全でないとの理由で、保険金が未払いとなる場合を扱っていて、反響は大きく、保険業界では改善策が検討されたと聞いた。

推理小説を書き続けた夏樹さんだが、平成に入ったころから、他の領域の小説への意欲を起こし、その作品の担当を私に頼まれた。

夏樹さんは、デビューのときから、一貫して母と子の絆、そして母性をテーマにしている作家であった。私は、かねがね夏樹さんにと思っていた島根県の西部、石見の津和野に生まれた新劇女優伊沢蘭奢《らんじゃ》の評伝小説の執筆をすすめた。母性に衝き動かされ、別れた子と十年ぶりに再会を果たす物語である。

経験のない領域に踏み込み、しかも生きるために多くの矛盾を抱えた謎の女優を描くのは、心身に堪《こた》えた。多くの資料読みは眼精疲労を誘発した。以来、求められる資料は選び抜き、ことごとく拡大コピーして届けた。そしてさらに、以前のように完璧な仕上がりを自らに課しての執筆である。ストレスが心因性の腰痛を引き起こし、「椅子に座ることもできない」と嘆かれようになった。それでも脱稿させ、担当の「別册文藝春秋」に掲載した。作品のために、私は「鬼」になっていた。

作品は、話題を呼び、帝国劇場で佐久間良子主演の舞台になり、テレビドラマ化され、浅野温子が主演をつとめた。

それから四半世紀が経《た》った。

「伊沢蘭奢のことを語ってくださいませんか。石見の女性のひたむきな生き方、母性の貴さを話してください」

私が企画する明治大学での社会人向け講座に、夏樹さんの出講をお願いした。昨平成二十七（二〇一五）年六月六日のことである。夏樹さんは、物忘れが多くなって、尋ねごとを繰り返された。「安心してください。私がついていますから」と、福岡への送迎で安堵させ、講義も私との対話形式にして終えたのだった。

あの日が最後になるなら、数々の物語を書いていただいた手を、一度だけでも握ってお別れしたかった。

事代主命《ことしろぬしのみこと》　高邁な和譲の精神

（平成二十八年四月六日）

『古事記』の「国譲り」の神話に心打たれる。高天原《たかまがはら》の天照大神《あまてらすおおみかみ》は、大国主命《おおくにぬしのみこと》が作った豊《とよ》葦原《あしはら》の瑞穂《みずほ》の国は、我が子天忍穂耳命《あめのおしほみみのみこと》が治めるところだから渡すよう何度も使者を送るが、いずれも大国主命に手なずけられてしまう。そして、ついに武力をもつ武甕槌神《たけみかづちのかみ》と空を飛ぶ天鳥船神《あまのとりふねのかみ》を遣《つか》わし、国を譲るか戦うかと迫る。大国主命は、子の事代主命《ことしろぬしのみこと》に判断をゆだねた。『古事記』ではそれを次のように記す。

「父の大国主命に向かって事代主命は、『恐れ多いことです。この国は天神《あまつかみ》の御子《みこ》に差上げましょう』といって、すぐさま乗ってきた船を踏み傾け、天《あま》の逆手《さかて》を打って船を青葉の柴垣《しばがき》に変えて、その中に隠れてしまった」（小学館『日本古典文学全集・古事記』現代語訳）

これを神事にしたのが四月七日の「青柴垣神事《あおふしがき》」と十二月三日の「諸手船神事《もろたぶね》」で、事代主命を祀る美保神社の氏子たちは、室町時代前期より受け継いでいる。一年前に当屋《とうや》を決め、精神潔斎の後、当屋は祭礼前日から美保神社の隠殿《かくれでん》にこもって物忌潔斎に入り断食、神がかった状態で行事に臨むのである。

「天逆手」を「あまのさかて」と読み、「呪いの拍手をした」と多くの学者は説明する。実は私も『古事記』を読んでいたときは、そのように受け止めていた。だが、なかに「さかいで」あるいは「むかいで」と読む研究者もいて、美保関の人たちも「あめのむかえで」と、天孫への恭順を表すものとしている。松江に来てから、この神事に幾度か立ち会ううちに、受けとめ方が変わった。いまでは、「むかいで」と読み、それに込められた思いを受けとめている。

私たちは反逆、呪いの神事を六百数十年続けるような哀れな民族ではない。このような邪《よこしま》な心で受けとめては、戦わず国を譲り平和を選んだ事代主命の「和譲」の精神は伝わらない。また、歴史学者は出雲が大和に敗れたからと片付けるが、これでは事代主命の高邁な精神も無視されてしまう。『古事記』に描くところは、事実を踏んで理想の精神をしめすひとつの創作であろう。私は、そのような『古事記』成立を想像している。

戦わず平和をとる。この考えに感心したのが平和主義者ラフカディオ・ハーン小泉八雲である。来日の理由に英訳された『古事記』を読んだことがあげられている。松江、出雲行きを選らんだのは頷《うなず》ける。到着し間もなく、出雲大社に行くが、乗り合わせた船の機関音が「コト　シロ　ヌシ　ノ　カミ　オオ　クニ　ヌシ　ノ　カミ」と聞こえるほどの心酔ぶりである。出雲大社では千家尊紀《たかのり》宮司に教えを受けた。また、美保関にも通い、美保神社の横山真《み》矛《ほこ》宮司に面会のときは、宿の島屋の裏の海で斎戒沐浴して赴《おもむ》いた。これは祭神である事代主命に会う気持からであろう。

明日四月七日、私は事代主命の考えを心に刻むために青柴垣神事に臨む。「和譲」こそ、「和の心」の根源であり、今、世界で最も求められている考えだからである。

三原 脩　奇抜なプロ野球改革案

（平成二十八年四月十三日）

いろいろあったけれど、昭和が懐かしい。それぞれの分野に魅力ある人がいて、凡人には不可能なことをやって見せた。そのひとりが、プロ野球監督の三原脩さんである。

私が編集に係《かかわ》った「文藝春秋」に「お茶の間放談」という企画があり、新時代を画すような仕事をした人に、ざっくばらんにお話ししていただいていた。「お茶の間」は、まさに昭和の雰囲気。今日の居間にあたるが、家族が集い、人の温もりがあった。

昭和四十五（一九七〇）年十二月十二日、指定した銀座の店に現れた三原さんはスポーツシャツに縞柄のブレザー姿。ユニホーム姿しか見ていない私の目には、新鮮であった。三原さんの巨人軍のころは、幼くて記憶がないが、西鉄ライオンズの監督として、昭和三十三（一九五八）年の巨人軍との日本シリーズで、三連敗から稲尾和久投手の続投で四連勝し、日本一を勝ち取った日本プロ野球史に残る名勝負のこと、また、大洋ホエールズに移っては万年最下位のチームを日本一に導いたことなど記憶していた。選手の心をつかみ、知略にたけた魔術師、知将といわれた。

勝利のために奇策を取った。今日ではめずらしくないが、投手のワンポイント・リリーフは三原さんが初めて用いた。先発として偵察メンバーを発表し、試合開始後はほとんどを主力選手に交代させることもしてみせた。

「お茶の間放談」のテーマは、サッカー人気の盛り上がるなか、三原さんにプロ野球をもっとおもしろくするための改革案をうかがうことだった。三原さんは守り中心の野球から、打撃を主にしたダイナミックな野球にする新しいルールの提案であった。

「守備要員と打撃要員の九人をそれぞれ作る」「ストライクとボールのカウントを縮めてツウ・ストライク、スリー・ボールにし試合運びを早くする」「打球がバウンドしてフェンスを越えたら二塁打ではなく、三塁打にする」「敬遠の四球は気分をそがれる。故意に三つないし四つボールを投げたら、ペナルティーを取って、打者に塁を二つ与える」。いずれも奇抜で半世紀近くたっても実現していないが、三原さんがそのころに行われた東西対抗戦で取り入れた投手の打席に代打要員をあてるDH制は、採用されて今日に至っている。

談話の後の雑談となったとき、三原さんは私のふるさと益田のことを話された。昭和三十三（一九五八）年のシーズンオフ、三原さんは、夏の甲子園に出場した益田の高校球児を観るために益田駅に降り立った。

「西部劇の映画に出てくる街のようだった」

駅前にはいつも数人のチンピラがたむろしていて、町に来た人をねめつけていたが、三原さんの鋭い眼光には恐れをなしたことであろう。三原さんに不快な思いをさせたふるさとのチンピラたちの姿は、今はない。こうした連中もいた猥雑《わいざつ》さも、私の懐かしい昭和の記憶である。

秋山ちえ子　「それではみなさま、ご機嫌よう」（平成二十八年四月二十日）

　菊池寛賞は、その年の話題の人、また、長年にわたり地道な活動を続けている人を顕彰する。昭和三十六（一九六一）年の受賞者には先回の「近影遠影」に記した三原脩さんがいる。授賞理由は、万年最下位のチームを日本一に導いた「作戦統率の妙」に対して。今回の秋山ちえ子さんも、平成三（一九九一）年の受賞者である。ラジオ番組「秋山ちえ子の談話室」を、昭和三十二（一九五七）年から受賞の年まで、毎週月曜日から金曜日、三十五年間続けていた。これはその後も続き、平成十四（二〇〇二）年に終了するまで、放送回数は一万二千五百十二回に及ぶ。

　秋山さんが菊池寛賞を受けられるころ、私は「別冊文藝春秋」の編集を担当していた。秋山さんの書かれる随想を好んで読んでいた。平易な文章で綴られ、「談話室」のようにまとまって、品があった。私は原稿を依頼した。万年筆で、便箋に認《したた》めた手紙には、受賞を祝う私信も書き添えた。それには、以前に聴いた忘れられない放送と、最近の心に残る放送の感想も記した。

　手紙が届いたその日に、秋山さんから電話をいただいた。会いたいとのことだった。心をこめて書いた文は心に届いたようだ。原稿執筆の快諾をいただいた。

以来、たび重ねて伺《うかが》った。住まいが、同じ区内で徒歩で十分の距離であった。お土産をいただくこともあって、そのお返しに庭に咲いた花を束ねて持参することもあった。生放送のときもあるが、録音されたものが放送される日もある。朝十時の放送を聴き、「それではみなさま、ご機嫌よう」と耳にした十分後に、その声の人と向かい合うのだ。

秋山さんは、大正六（一九一七）年の生まれ。私の母とはひとつ違いで、寄稿家とはいえ、私は母親に会う心やすさを感じていた。また、秋山さんの長男と私の年がほぼ同じと知って、ある日、ふともらされた。

「息子がレストランをやめると言うのよ」

高校を終えると料理人としての途を選び、店も構えた。それは地下にあるとかで、「長年、陽のないところで働いた。これからは陽の下で過ごしたい、と言うのよ。それを聞いたとき、母の私は何も言えなかった」と、言われた。秋山さんに、いつもの歯切れの良さはなかった。

私の身の上のことも、案じてくださった。

「あなたに作っていただきたいという人の本だけ手がける、そのような出版業を始めなさいよ。私もお願いしたいから」

私の仕事への取り組み方を見て、出版界に留まらせたかったのだろうか。売らんかな、の出版業界だが、このような本を世に残せたら本望と思う、一冊の本を求める人のいることを伝えたかったのだろう。

秋山さんは私の母より七年長く生き、四月六日に亡くなった。九十九歳であった。

宮本邦弘　努力と勇気と冒険

（平成二十八年四月二十七日）

ものの見方、考え方が固まる前に、まったく違う自然環境で暮らしている人たちに、現地で直接会ってみたいと思っていた。

その願いが叶い、二十六歳になって間もなく、昭和四十五（一九七〇）年秋、私は後輩の写真部員である丸山洋平君と連れ立て、二ケ月ほどの世界一周取材旅行の機会を得た。この旅で、十日間のブラジル滞在中の経験は、私にひとつの転機をもたらした。人の朗らかさに驚いた。中間色の色彩感覚に慣らされていたそれまでの私は、赤は血のように赤く、黒は夜の闇のように黒い、原色の鮮やかさに圧倒された。そして、桁《けた》違いの規模で事業をする日本人に会った。

農園主の宮本邦弘さん。当時、五十五歳。誰もが認める日系ブラジル移民の最高の成功者であった。所有するコーヒー栽培のファゼンダ（耕地）は十五あり、それらを合わせると日本の四国ほどの広さとなる。年間の収穫量は、そのころ、日本で飲まれていたコーヒーの三年分にあたると聞いた。その年の末には世界に販売網をもつネッスル社のすべてのインスタントコーヒーを製造する工場が完成するとのことだった。

牧場は六つ。合せれば九州がすっぽり収まる。ほかにも日本全土とほぼ同じ面積の原始林を所有し、開発を計画中と聞いた。宮本さんから話を伺《うかが》い、口にされる面積や数値をノートに記し、足し算して数字を示すよりもわかりやすいかと思い、日本の国土面積と比べたのだが、余りにも大きく、疑心暗鬼に陥《おちい》った。幾度も検算して写真に添える紹介文を書いた。

宮本さんは十八歳でブラジルに渡った。以来、「努力と勇気と冒険の三十七年だった」と述懐した。

「冷や汗をかいて一晩に三度も下着を取り換えた日もありました」

所有地内には十一の自家用飛行場があった。サンパウロから三時間自家用ジェット機を飛ばし、そのひとつに降り立った。飛行場の周辺は、植樹して七年目のコーヒーの樹が育つファゼンダだった。写真部員の丸山君はそこで宮本さんを写真に収めた。

丘の上の管理事務所のある館《やかた》で、自家製のコーヒーをいただきながら話を伺っていたときだった。にわかに黒雲が空を覆い、すさまじいスコールが襲った。話も耳に入らないほどの雨音が数十分間続いて、急に静寂が戻ると、空は一転、青空に変わった。道は川となっていたが、見る間に水は引き、朱色の地面に陽光が降り注いだ。そして、降雨の間、休憩していた現地の作業員たちがファゼンダに出て働き始めた。歌声も聞こえた。

世界は広い。人の仕事も心がけ次第で大きくなる。私は繰り返し自分に言い聞かせていた。

遠藤周作　悲しみの体験

（平成二十八年五月十一日）

遠藤周作さんが亡くなって二十年になるが、書架には担当した作品を収めた単行本があり、繙《ひもと》くと、いつでも会える気がする。文字を目で追っていると、遠藤さんが耳元で読んで聞かせてくださっているような感じがするのだ。

昭和四十二（一九六七）に会い、平成八（一九九六）年に亡くなるまでの三十年間、担当を務めた。共同通信勤務の叔父高橋義樹が、昭和二十年代から慶応義塾の学生であった遠藤さんに、原稿執筆の依頼をしていたので、叔父と甥の二代五十年の付き合いである。

遠藤さんに『夫婦の一日』という作品がある。主人公の家で、思いがけないことが続き、不安に駆られた妻が占い師にみてもらうと、鳥取砂丘に行き、水と砂を取り、水を主人に飲ませ、砂を庭に撒《ま》かないと主人の命はないという。これは遠藤さんの身辺に材を取った昭和五十六（一九八一）年の小説である。遠藤さんの考えでは、それは迷信でとうてい鳥取への同行は応じられない。しかし、夫人は懇請する。遠藤さんは親しい井上洋治神父に相談する。そのときの、「君がその迷信を信じていない以上、行こうが行くまいが、君には問題ないだろう。むしろ奥さんの気持がそれですむなら、行くことで解決したまえよ」との言葉に動かされ、鳥取砂丘に向かう。そして最後に、「これで良いのだと言う感情が心の半分で生まれ、その感情が少しずつ胸に拡がっていく」と書かれている。

迷信と片付けるのではなく、非科学的なものを否定しないで、心の不思議と捉えておられた。超常現象に関心を持ち、幽体離脱や輪廻転生の物語を書かれ、私はそれらを収めた単行本を作っている。信じきれないまでも、畏怖《いふ》する気持ではあったと思う。

もちろん、合理的な考えもしておられ、たとえば遊びごとにしても、理由があった。あえて歌の下手な年配者を集め、「爺の合唱団」を作っておられた。大きい声を出して、みんなで気持よく歌う。これはいい呼吸法になる。ピアノの練習もしておられた。「指先をつかい血行を良くするんだ。そして、なおかつ楽しい」とおっしゃる。楽譜をのぞいたら、所どころに手の形が描かれ、指に番号がつけてあった。

それらは楽しいお遊びだが、ふざけた遊びもされた。いたずら電話もそのひとつ。このときは手を替《か》え品《しな》を替えた掛け方になるのだが、遠藤さんのかかってきた電話の対応は決してほめられたものではなかった。そのことで、忘れられない話がある。ある日、お目にかかるとすぐに、「やあ、冷や汗をかいた」とぼやかれたことがあった。「ちょっと、ものを尋ねたいんだが」とかかってきた電話が、ゆっくりした話し方だったので遠藤さんは苛立《いらだ》った。「早よ話さんかい、いったいどこの誰や」、「鎌倉の小林というもんだが」「鎌倉のコバヤシ」。遠藤さんはここで気づいた。電話の相手は文藝評論家の小林秀雄さんだったのである。「電話機に向かって平謝りだよ」。このようなことがあっても遠藤さんの電話の対応は変わらなかった。

面会を申し込むと、ときどき夕方の時間を指定されることがあった。そのようなときは、仕事場での用件を済《す》ませると、大田区の洗足池の畔《ほとり》のレストランに連れて行かれた。遠藤さんが主宰される劇団「樹座」の世話をされている方の店と聞いた。卓につくのは、私ひとりのときもあれば、編集者仲間が一緒のこともあった。西に向かってガラス張りの店で、池が眺められ、向こう岸には背の高い木立があった。太陽が、木の枝を透かし、西日を投げかけて沈んでゆくと、夕映えの空に変わる。そんなとき、静かに語りかけてくださる。

「どうや、仕事できてるか」

下の娘高橋真弥の患《わずら》いで、遠藤さんが対談をされた医師のことを伺《うかが》っていた。抑えていたけれど、私の顔に現れていたのだろう。「高橋君も心配やな。仕事も手につかんだろう」と、宥《なだ》めてくださるのだった。

遠藤さんは、人の悩みごとに親身に応じておられた。それは、幼いころの両親の離婚のこともあり、悲しみを原初の体験に持っておられたことで、後のち人にやさしくなれたのではと思う。とはいうもの、あの洗足池の夕映えの中で話しかけてくださったころから、遠藤さんの体に変調が現れ、入院し闘病されることになった。辛いのは、私ではなく、遠藤さん自身であったと後になって気づいたのだった。

「蔑みに耐えているときの人の顔がいちばん美しい」

といわれたことがある。暮らしていると、いろいろなことがある。自分が引き起こしたこともあれば、ふりかかってくることもある。生きていくからには、屈辱に耐えねばならない。遠藤さんから聞いた言葉を、心の中で反復し、私は頽《くずお》れる自分を支えてきた。

遠藤周作さんが好んだ木曽川の畔りで（撮影・筆者）

志賀直哉　松江で徳性を涵養《かんよう》する

（平成二十八年五月十八日）

志賀直哉さんに会った。昭和三十九（一九六四）年五月、東京都渋谷区常磐松の志賀さんのお宅近くの路上で、家族の方と歩いておられるところに行き交った。志賀さんは、このとき八十一歳。身長は百七十センチはあっただろう。年齢にしては長身と思った。行き過ぎてから、志賀さんも吸ったであろう青葉の匂いを含んだ空気を、思い切り胸に入れた。

麻布に住む友人を訪ねるとき、渋谷駅から常磐松を通る道を選ぶのは、いつかは「小説の神様」といわれる志賀さんに会えると思ったからだ。しかし、この日の出会いが最後で、再び会うことはなかった。

志賀さんは、大正三（一九一四）年五月のちょうど今のころから、百日ほどを松江で暮らした。「志賀さんの弟子」といわれる作家の阿川弘之さんによれば、依頼された原稿の書き溜めと、親友で松江に同行している里見弴さんと一緒に、健全な生活をして互い健康を取り戻すことの、ふたつの目的があってのことだった。

原稿は朝日新聞の社員となった夏目漱石から依頼された新聞の連載小説だが、進みが悪く、七月中旬に上京し漱石に辞退を申し出た。

もうひとつの目的だが、志賀さんの年譜には、二十六歳の明治四十二（一九〇九）年から遊里での放蕩《ほうとう》が始まり、玄人《くろうと》の女性との交わりが記述されている。翌年九月には、そこでの罹病《りびょう》による医者通いが書かれている。明治から大正にかけて、志賀さんは不健全、不健康な暮らしで窮《きわ》まっていたのである。

そのころの友人宛手紙に、「僕は性慾をそれ自身として下等には今も思つてゐない。然し無意味にそれを刺激さす事は自分としては出来るだけ避けやうと思つてゐる」とある。自分自身が振り回される厄介な性欲の悩みから逃れたい。そういうものとの距離をおくに、松江滞在はふさわしい。当時、それに応じる場所は松江にもなくはなかったが、それ以上に松江の雰囲気や人と町をつつむ自然の豊かさは、悩ましいものを昇華させるほどのものがあった。志賀さんはそうした松江で、徳性を涵養《かんよう》していった。松江の暮らしの後、その年の十二月に結婚している。

松江での志賀さんは、初め東茶町の宍道湖畔の借家に数日過ごした後、内中原町の濠端の家に移った。志賀さんにあやかったわけではないが、私も同じように寓居を変えた。内中原は静かで、夏や秋の夜、聞こえるのは虫の音のみ。夜気には潤いがあり、水の匂いがする。これは百年前と変わらないだろう。学生時代と、そしてこの年になってからと、志賀さんと二度も同じ空気を吸うことになるとは。私のような者でも、この水の気配に気持が和《なご》むのだから、ゆたかな感性の志賀さんには、深く感じるものがあったと思う。夜になると、遠い志賀さんが近くに感じられる。

立原正秋　虚実織り交ぜる

（平成二十八年五月二十五日）

この季節になると、新前編集者として、鎌倉市腰越の立原正秋さんのお宅を訪ねた日のことを思い出す。昭和四十二（一九六七）年、江ノ電の腰越駅を降り、ふりそそぐ五月の光を浴び、湘南の海風を背に受けて、ゆるやかな坂道を歩いた。

原稿を渡されると、「ここで目を通してくれ」といわれた。座卓に原稿を広げた。側の仕事机で書きものを続ける立原さんは、横に置いた一升瓶からコップに酒をついで、ひとり呷《あお》っておられた。読み終わるのを、待ち焦《こ》がれておられるのが分かる。仕事をすませた「祝杯」を楽しみにしておられるのだ。

私は酒が飲めないが、このときばかりは断らず、盃を口に運んだ。したたかに酔い、ふらつく足で駅に着くと、急ぎワイシャツの胸ボタンをはずし、肌着との間に原稿の入った封筒を収めた。酩酊して、車中で眠りに落ちても、こうすれば原稿を置き忘れることはないからだ。

文字通り肌身離さず持ち運んだ作品は『春の死』という不良少年の物語で、続編が書かれ『美しい城』にまとめられた。これをさらに書き続けたのが『冬の旅』である。この作品は、百万部に達するベストセラーとなり、テレビドラマ化もされて立原さんは少年少女も知る作家となった。

自分は教師を小刀で刺し、感化院に入ったと言い、その上で物語を展開しておられたが、これは作られた身の上話であった。作家は虚実織り交ぜて作品を書く。作家の閲歴の真偽を詮索する人がいるが、それが事実であろうがなかろうが、さして問題はない。問われるのは作品に、人間の真実が書かれているかどうかである。「少年院に入るような少年の根はやさしい」「あたたかすぎて、自分の方が先に壊れてしまう」。こうした立原さんの少年たちへの理解を大切にした。非行に走ったり、不良呼ばわりされた少年たちが、『美しい城』そして『冬の旅』で、初めて自分たちのことを理解してもらえたと思ったのだった。

立原さんは韓国に生まれた。戦前、日本に渡った。だから、より一層、日本を知りたいと研鑽《けんさん》し、努力もした。日本の伝統藝や古美術、社寺仏閣を背景に展開される男女の物語を立原さんは書いた。私はそのひとつ、晩年を飾った『たびびと』をいただいたが、日本の文化が、これほどまでに物語を豊かにするものかと、感じ入った読者は多いと思う。

立原さんを理解した人に文藝評論家の小林秀雄さんがいる。

立原さんは昭和五十五（一九八〇）年八月十二日に亡くなり、十四日に密葬、九月八日、北鎌倉東慶寺で葬儀と告別式が行われた。式場で、小林さんは後輩の同志の死を悼《いた》み、式の始まりから終わりまで、正座し続けた。会葬者に深くお辞儀をする小林さんの姿が今も忘れられない。

梶山季之　粘りと突撃、潜入

（平成二十八年六月一日）

このところ「週刊文春」のスクープ報道が続いている。あいつぐ記事を見ると、私は梶山季之さんを思い出す。

昭和三十四（一九五九）年四月、「週刊文春」は創刊されたが、文章力に秀でた社員十一名を集めたものの、これでは到底記事が埋まらない。この日のために、ひそかに梶山さんに協力を依頼していた。梶山さんは五人を引き連れ馳《は》せ参じた。この人たちのことを「梶山グループ」といった。

梶山さんは、「文藝春秋社員に負けるな」を繰り返し、「一日五人」初対面の人に会い、話を聞くことを課した。これで人脈が増える。新聞社が書けなかった記事を、粘りと突撃、潜入の精神で取材して書く。梶山さんは率先垂範した。私の入社は昭和四十二（一九六七）年。梶山さんは、作家として独立していたが、グループの数名は残っていて、その仕事ぶりを目にし、真似したものだ。

昭和四十二年十一月末、「別冊文藝春秋」で約束していた有馬頼義さんの三百枚の小説が入らないという事態が起きた。締め切りまで一週間もない。この窮地を救ったのが梶山さんだった。梶山さんは、赤坂の旅館の一室にこもり、編集部で一番若い人を付けてくれ、ということで、私が原稿の運び役となった。

木枯らしの吹く季節、梶山さんは窓をすべて開け、手あぶりの火鉢をひとつ置いて、端座し、一睡もしないで書いた。宿と印刷所を何度タクシーで往復したか、記憶がない。梶山さんは、右手で原稿用紙にペンを走らせながら左手を後ろに回し、それまでに書き上げた原稿を渡される。このとき、「はい」と言う。「では」と私は受とり部屋を出る。後ろ姿に殺気すら感じられた。二日半、こうして過ごした。三百枚は見事に書き上げた。

昭和三十七（一九六二）年、山口高校生のとき、廊下で日本史担当の増野先生に呼び止められた。

「高橋は将来、文藝の世界に行くのだろう。梶山季之の名前を覚えておいてほしい」

作家志望である広島高等師範学校（現広島大）の同級生の名前を告げたのだった。最後の原稿をいただいたとき、不眠不休で朦朧《もうろう》としていたが、それだけははっきりと、「お名前は高校生のときに増野先生から伺《うかが》っておりました」と言った。「そう、いずれまた」と、梶山さんは答えたのだった。

梶山さんは、広島出身の作家として、原爆のこと、広島からの人も多い海外移住のことをライフワークとして考えていた。それらの作品のお手伝いもしたかったが、書かれることなく逝った。増野先生の話をすることもなく終わった。

嵐寛寿郎　みんな藝のうち

（平成二十八年六月八日）

嵐寛寿郎さんに会ったのは、昭和四十六（一九七一）年の晩秋であった。「週刊文春」のグラビア企画「散歩みち」の取材で、京都嵐山の渡月橋付近の散策の伴《とも》をした。撮影合間の話で写真に添える短文は綴ったが、それで終わるのは惜しく、七年後、「オール讀物」編集部のころ、談話を取り記事にした。

昭和二（一九二七）年、叔父の嵐徳三郎一座にいたアラカン（嵐寛）さんは、映画プロデューサーで監督でもあるマキノ省三に誘われ映画界に入った。そのとき、マキノが「少年倶楽部」を渡し、「読んで、何ぞおもろいものあったらいうてくれ」。アラカンさんは、大仏次郎の『鞍馬天狗、角兵衛獅子』を上げた。「杉作という子役が出てくるからおもろい」

映画を撮るとき頭巾にこだわった。「日本一になるために富士山の形にしよう。そのころ、頭巾と言えば宗十郎頭巾しかない。そこで竹の串を入れ、とんがらしてみた」

この格好《かっこう》良さもあり映画は大当たり。戦争をはさんで四十六本を撮影した。杉作役は幾人もいる。美空ひばりで三本、続いて松島トモ子で四本。これが最後の鞍馬天狗となった。近藤勇役も何人も変わった。「いちばんよかったんは大河内伝次郎はん。これは決まりました。何より、気迫！　ほんまにぶっかてきよる。殺陣《たて》の撮影はすべて真剣でやった。大河内はんはそれを振り回すのや、ともかく怖かった。まかり間違えると、本当にこちらが斬られてしまう。避ける、また打つ。これで迫真の演技にならんかったら、ウソや」

「天狗」とならんで「むっつり右門」も当たり、シリーズは三十八本を数える。

昭和三十二（一九五七）年、『明治天皇と日露大戦争』で明治天皇に扮《ふん》したころから脇役に回ることが多くなった。昭和四十（一九六五）年の『網走番外地』の鬼寅親分役は、主演の高倉健を盛り立て、評判となった。「十一本続けてやりました。私の好きな役だんな。鬼寅は、私の生涯の持ち役といっていいな」

乗り物が大好きだった。オートバイ、自動車、飛行機。「おふくろは、どない極道してもいいから、それだけはかんにんや」と止めたが、自家用機を購入し飛び回った。

無声映画から発声映画に変わったとき、多くの役者が廃業した。「チャンバラで、京都弁でセリフをいってもきかないです。大阪弁でもあきまへん。やっぱり江戸弁で、寄らば斬るぞ！　でないとあかん」

アラカンさんは「四畳半」で馴染みの藝者から江戸弁の長唄を教わっていたのが役立った。また、そこで覚えた三味線で、三本映画を撮った。今村昌平監督『神々の深き欲望』の琉球の蛇皮線を弾く役も吹き替えなしで通した。

私がアラカンさんの本名と同じ「高橋」と知って、気持が変化したのがわかった。

「女には、ずいぶん気前のええことやって、スッテンテンの裸になりながら、結局はそれを、藝にまとめて自分のもんにしていたんやな。遊ぶのも、みんな藝のうちや」

このようなことまで口にしたのだった。

水上勉　豊かな記憶

（平成二十八年六月十五日）

作家の水上勉さんは、平成元（一九八九）年六月一日、訪中作家団のひとりとして中国北京を訪れた。同月四日に起きた天安門事件の当日は、現場に近いホテル北京飯店に投宿していて、騒擾《そうじょう》の様子を目撃した。戒厳令が発布され、北京飯店に足止めされて、不安な日々を余儀なくされる。カーテンの隙間から天安門広場の惨状を窺《うかが》ううち、心身に変容が来《きた》す。

同月六日の夜に救援機で帰国したものの、自宅に帰って二時間後に心筋梗塞を起こし、救急搬送された。一命を取りとめたが、救急車が交通渋滞に巻き込まれ、病院到着が遅れ、心臓機能の三分の二を失った。

私は三十九日目に退院した水上さんを訪ね、生還の記の約束を取り付けた。それは『幻夢一夜』と題した三日間の人事不詳の臨死の体験を綴ったものだった。この執筆を依頼するとき、「一清《いっせい》は、俺を殺す気か」と叱られた。「その覚悟で来ております」と向かい合ったのを忘れることはない。作家にこれぞと思う原稿を頼むとき、編集者は鬼にもなるのだ。

もちろんそれで終わる水上さんではない。その後二年かけ、入退院を繰り返した日々を振り返り、突然死に隣り合わせる「心筋梗塞の前後」の体験を詳《つまび》らかに披瀝《ひれき》し、心臓病の人々に読んでもらいたいと、題名もそのままの一冊の本を書き上げた。

どういう状況のとき、どのような症状が現れるか。それが実にこまやかに書かれているのである。確かに、心臓を病む人には参考になろう。また、この第一章「しののめの空明かり」は、二十七年を経ても、言論弾圧により真相の究明が許されない「天安門事件」のひとつの事実報告書となっている。体に変調をもたらすほどの情景を描写する水上さんの筆は冷静である。

水上さんの小説は描写のこまやかさに特徴がある。『鑛太郎』と言う短篇小説に、自転車屋の叔母おかねさんが、タイヤのパンク修理をするくだりがある。

「おかねさんは、指につばをつけ、穴をさがした。ようやく見つけ出すと、穴のまわりを軽石でこすった。一方には、貼りつけ用の花カルタぐらいの大きさのチューブを丸角《まるかど》にしたのへ、ゴム糊をつけてかわかしてある。程よくゴムがそりをみせるころに、破損箇所へす早く貼りつけたあと、掌の平でつよく押し……」

水上さん五十八歳のときの小説だが、この情景は、おそらく子どものころの学校帰りに、道草して自転車屋の店先で見た記憶であろう。子どものころの豊かな記憶が作家の必須条件と言っていいかもしれない。

岸信介　熱狂と興奮

（平成二十八年六月二十二日）

益田中学三年生のときだった。帰り道で駅前にかかると、広場は多くの人が詰めかけ、異様な興奮と熱狂に包まれていた。ひとりの男が台に立ち、熱弁をふるっていた。一言一言に、拍手と歓声が沸《わ》いた。私は面長の男から目を離さなかった。得意満面のこの人が時の総理大臣岸信介さんである。地元山口の遊説の後、島根県に入り、初の街頭演説だった。昭和三十四（一九五九）年晩秋。年が変わると、岸さんの母校にあたる山口高校を受験する。そして、そのころの私は、ひそかに岸さんと同じく政治家になってみたいと思っていた。しかし、熱狂と興奮に、違和を感じるのだった。

山口高校の入学式。演壇の右上壁面に扁額《へんがく》があり、「任重而道遠《にんおもくしてみちとおし》」と書いてあった。「士たる者は仁道に徹する。その任務は重く、その前途ははるかである。それを覚悟し、使命感に徹しなければならない」。後に諸橋轍次博士の本で知る「論語」の言葉。揮毫《きごう》したのが岸さんであった。

岸さんは半世紀近く前の卒業生だが、秀才としての逸話が残っていた。「岸以来の秀才」「岸の方がまだ上」。また、東京大学法学部に合格すると、岸さんが面談し、日本の将来を託すのだと、噂されていた。

昭和三十五（一九六〇）年は、一月に日米新安全保障条約の調印。五月、衆議院で深夜に新安保承認案を可決したことから、警官と社会党議員が国会内でもみ合い大混乱。そうして、いわゆる安保騒動が日本各地で起こった。山口高校の周辺にも山口大学生が押しかけ反対デモへの参加をよびかけたが、それに応じる者はいなかった。

ラジオは連日連夜、国会周辺のデモ隊と警官の衝突を実況放送した。六月十八日深夜、条約は自然成立。二十一日には批准、公布された。新しい批准書が交わされた二十三日、混乱の責任をとり岸さんは辞意を表明した。五十六年前の昨日今日は日本中騒然としていたのである。

その年十月十二日。解散、総選挙が近いと、党首立会演説会が日比谷公会堂で行われた。西尾末広民社党委員長、浅沼稲次郎社会党委員長、そして岸さんの後継の池田勇人自民党総裁の順で登壇が予定されていた。だが、浅沼委員長の番が来て、演説を始めた五分後に、壇上に駆け上がった山口二矢《おとや》少年に刺殺された。

私の山口での下宿の小母さんは、岸さんの心酔者で、一連の騒動で岸さんを窮地に追い込んだのは浅沼委員長と思い込んでいた。凶報を知った小母さんは、通りに飛び出すと、「万歳」を叫んだ。山口には、幾人もそういう人がいたのである。

私の思う政治では、冷静に人の幸せを求めるものだが、現実の政治は人を熱狂させ、興奮させる。私には耐えがたい世界と思い知るのだった。

バーナード・リーチ　暮らしに役立つ美しいもの　（平成二十八年六月二十九日）

新聞記者をしていた長女の高橋千果が、六回にわたって「東と西　巡礼の陶工　バーナード・リーチ」を所属する新聞紙上に連載したのは、平成十四（二〇〇二）年のことであった。大正時代に、「民衆の生活に必要な工藝品」と言うことで「民藝」という言葉を造語した柳宗悦との交流を軸に、陶芸家の濱田庄司、河井寛次郎、富本憲吉、版画家の棟方志功、そして志賀直哉や武者小路実篤ら白樺派の作家たち、また民藝運動に理解があった大原美術館の大原孫三郎、総一郎親子との交わりなどを記していた。

そのなかで、民衆の日々の暮らしのなかに生きる工藝の美、この「用の美」を求める陶工たちへのリーチのあたたかい眼差しを特筆していた。紹介されているのは松江と出雲の陶工たち。そこには、私の知らないふるさとの人々とリーチの姿が描かれていた。二十七歳の娘が書いた文章を繰り返し読んだ。多くの資料を読み、人に会い取材していた。同じ年齢の私には書けない文章だと思った。いつの日か、リーチに教えを受けた陶工たちを訪ね、作られた器を掌に受けたいと思いつつのらせた。平成十七（二〇〇五）年、松江に赴任するときの荷物に、この連載の切り抜きも収めたのだった。

「私は東洋の美術とその背後の生活を何とか理解するために、日本に行こうと思っていた。

最初に日本の生活と文化を感受性に富んだ英語で叙述した名文家ラフカディオ・ハーンが著わした本を読んで、自分の生まれた東洋の地に帰ってみたいという気持になっていたのである」（リーチ回想記『東と西を超えて』）

リーチは生涯に六度、松江と出雲を訪ねている。これほどの訪問地は他にない。ひとえに若い陶工たちのひたむきな姿勢に心動かされたからである。湯町窯の福間琇士《しゅうじ》さんはスポイトにやわらかくした粘土を入れ、絞りながら模様を描く、スリップウェアの皿の作り方を見習った。出西窯の多々納弘光さんは取っ手《ハンドル》の取り付けを教わった。

リーチは共同で作陶する出西窯の仲間が仏教に帰依していることに関心を寄せた。自我を主張して、素直な美しさから離れていく現代の藝術家たちが失ったものが、そこに残っていることを感じ取っていた。近代になって個人作家は自我に縛《しば》られていい仕事ができなくなった。自慢の自我を主張すると、素直な美しさから遠くなると言った。「天狗の鼻になるでないぞ、天狗の鼻は困るのだ」と繰り返したという。

度重なる来訪には、時代の影が映る。昭和十（一九三五）年、温泉津《ゆのつ》へ行く列車内で「特高」から、「お前はだれだ？　ここで何をしている？」と訊問された。このときの無礼な態度は『日本絵日記』に詳述《しょうじゅつ》されているが、不快な目に遭《あ》いながらも、リーチは暮らしに役立つ美しいものを作る者たちを励ますため、私たちの国を、この町を訪ねるのだった。

芝木好子　頼りの作家

（平成二十八年七月六日）


編集者として駆け出しのころ、先輩から言い聞かされたふたつのことがある。

「お前は死んでも、原稿だけは持って来い」

編集者の代わりはいても、作家の原稿は、それひとつしかないのだ。文藝春秋に入社した昭和四十二（一九六七）年のころ、パソコンはもとより、ファクシミリもなかった。コピー機を自宅に持つ作家はいなかった。

いまひとつ、先輩から教わったこと。

「お前のためなら、何をおいても短篇小説を書いてくださる作家を三人つくれ」

おおよそ短篇小説は、四百字詰原稿用紙三十枚ほど。挿絵、広告を入れると三作で三十二頁が立つ。この頁数を一台として紙型を作り、輪転機にかける。それをたたんだものを一折といい、それを幾折か綴じて雑誌などは作られる。万一、原稿が入らなくなった場合、この折の調整で対策を講じるのである。

平成二（一九九〇）年、「別冊文藝春秋」編集長になったとき、私は作家との対応を考えた。誰よりも先に執筆を依頼しないと、先々やりにくくなる方に、まずお願いしよう。一方、もしものことがあったとき、助けていただく方を決め、この方は残しておく。考えようによっては、最も大切な方。そのころの私にとっては、芝木好子さんがその人であった。

芝木さんの最高作品といわれる小説『隅田川暮色』を担当した。東京下町の老舗女三代の物語で、ますますの円熟味をみせていた。芝木さんが文化功労者に選ばれたときの、重要な参考作品になったと聞いた。

平成三（一九九一）年の梅雨の時分であった。次の号に頼んでいた「柱」となる作品が、入らなくなり、いよいよ芝木さんに助けを求めることになった。電話を入れ、面会を申し入れた。電話は芝木さんの妹さんが応対された。私が高橋であることを再度確認されたあと、少し間があって、「ちょっと待ってください。姉が電話に出ると言いますから」と言われた。しばらくして、受話器から、嗄《しわが》れた声が聞こえてきた。「芝木先生ですか」と問い返したほどだ。そして、息も絶え絶えに話された。

「私は、もう書ける体ではないのよ。どうして、あなたが編集長の『別册文藝春秋』に書かせてくれなかったのよ。書きたかった。書けない、こんな体になってしまったところに言って来ても、断るしかないじゃないの」

芝木さんは途中から、涙声になった。「会いたい」と食い下がる私に、「こんな姿は見せたくない」と、最後の声を振り絞るように言われた。芝木さんも私も泣きながら、「ごめんなさい」を繰り返し、電話は終わった。

芝木さんは梅雨が明け、盛夏が過ぎた八月二十五日、乳癌のため逝去。享年七十七であった。

中野孝次　「死に際しての処置」

（平成二十八年七月十三日）

癌を患《わずら》った中野孝次さんは、最後のころ、二千年前のローマの哲学者セネカの著作を読み、自らに言い聞かせるように感想を綴《つづ》っている。

「誰かに起こりうることは、誰にでも起こりうるのだ。たまたま今日までそれをまぬがれて来ただけである」

「運命がもたらしたものを平然と受けよ、できるならばみずからの意志で望むものの如く、進んで受けよ、とセネカは教う」

そして、一時退院のとき、最後の著書となった『セネカ　現代人への手紙』に記している。「セネカは入院中一貫して内側からわたしを支え、助け、励ましつづけたのだ。人を支えるのは精神とか、心、気力、魂などと呼ばれる目に見えないものの力だ」

戻ることはない書斎で最後の始末をして再入院。平成十六（二〇〇四）年七月十六日に逝った。

その三年前のことだった。中野さんから、「そのときは君に全てをお願いする」と申し渡されていた。最期を看取り、秀夫人が自宅に帰り、机の抽斗《ひきだし》をあけた。墨書された『死に際しての処置』が、すぐ目につくように置かれていた。

「一、医師により死が確認せられたる時は、近親者と別に指名せる編集者にのみにこれを

知らせ、それ以外の者に知らせる勿《なか》れ

一、近親者とは、余と秀の姉妹弟とその伴侶也

一、編集者は文藝春秋社員高橋一清氏也　氏が、必要とする助手はこれにふくむ

一、密葬に必要なかぎり葬儀屋に依頼すべきも、葬儀屋のいう通りにすべからず

一、湯かたびらの如き、草履《ぞうり》、脚絆《きゃはん》の如きは一切用うべからず　海島綿の下着をつけ、平常好んで着たるシャツに、ズボン、上着を着せ、生ける時の如くすべし

一、死体の処置を近親者に限るは第三者に死顔を見せざる為也

一、飾りなき車にて棺を運び荼毘《だび》に付すべし

一、骨を信州須坂浄運寺に運び小林覺雄和尚により簡素なる葬式を行うこと。このことは新聞紙上に公表して可也　来る人が来ればよし

一、死後、「お別れ会」の如きはすべからず

一、死はさしたる事柄に非ず、生の時は生あるのみ、死のときは死あるのみ、悲しむべきことに非ざるが故に

一、小林和尚が浄土宗の流儀にて葬儀を行うは、それに従うべし」

秀夫人と相談し、中野さんの望み通りの弔いをした。その秀夫人も七回忌をともに営んだが、その後、中野さんのもとに往き、本年五月に繰り上げて営まれた十三回忌に姿はいない。

中野さんの十三回忌のお斎では、中野さんのスキー仲間の平沢尚忠さんと並んで席に着いた。平沢さんは、中野さんが昭和四十三（一九六八）年にスキー愛好家の雑誌「旅情」に、

山陰の大山で行われたスキー教室に参加し、皆生温泉に一泊、次の一日を松江に過ごした文章を書いているという。私には未読のものなので、コピーを所望した。

『大山と冬の山陰《二重写しの風景》』は、単行本未収録のものであった。熊本の第五高等学校生の中野さんは、「六月一日宇都宮第三十六部隊ニ入隊スベシ」との電報を受け取り帰省する。このことは、自伝的小説『麦熟るる日に』や随想に書かれているが、東上する列車が空襲により山陽線が不通で、山陰線回りになった。それからの文章には、初めて知ることが書かれていた。この列車で久留米から松江に帰る若い姉妹と乗り合わせた。姉妹には中野さんの帰省が何のためか教えていない。姉妹は松江下車をすすめる。もし、下車していたら、徴兵忌避の身の上で官憲におわれ、家族にも嫌疑がかかる。列車を乗り合わせただけの見知らぬ人に、身の上を打ち明けるわけにはいかない。姉妹には、中野さんへの好意もあるようで、しきりに松江滞在をすすめる。しかし、中野さんは姉妹とともに松江駅のプラットホームに降り立つことなく東上する。戦況は厳しく、入隊は死を突きつけられることであった。そのことが、切々と胸に伝わる。

それから二十年後、中野さんは松江駅に降り立った。やりきれないくらい泰平な世に倦《う》む気持を《二重写しの風景》として率直に綴っていた。私は編集を担当している松江市文化協会発行「湖都松江」の第三十二号に掲載した。

中野さんはいかに死ぬかを思い、どう生きるかを考えた文学者だったことは、この文章からも伝わってくる。

昭和六十三（一九八八）年、中野孝次さん島根の旅で出雲日御碕台にて（撮影・筆者）

江藤 淳　本は我が子の思い

（平成二十八年七月二十日）

評論家の江藤淳さんに幾篇もの作品をいただき、担当の誌上に掲げた。また、『閉ざされた言語空間――占領軍の検閲と戦後日本』『近代以前』『昭和の宰相たち』など、本作りにも携《たずさ》わった。

本が仕上がると、見本と著者への贈呈本を持ち、鎌倉市西御門のお宅を訪ねた。差し出した本を掌《てのひら》にのせ、その作りを入念に点検し、納得すると、ここで初めて口を開かれる。「ご苦労さまでした」。そして、居間にいる慶子夫人を呼ばれた。

「いい本を作っていただいた。君に、まず贈るね」

と夫人を前に署名され、為書きも入れられるのだった。私はこの情景をいつも目にした。執筆中、励ましてくれた夫人を労《ねぎら》う江藤さんだった。子のない夫妻には、本はそれに代わる喜びをもたらすものと、いわれたことがあった。

その慶子夫人が、平成十（一九九八）年十一月に亡くなった。気落ちし、それを紛《まぎ》らわせるため、浴びるように酒を飲んだ。翌年六月に脳梗塞の発作を起こす。以来、これまでのような神経をめぐらせ、徹底した執筆ができなくなった。そういう自分を許せないと思うようにもなっていった。

あの日の関東地方は、午後から厚い黒雲が空を覆い、気圧が急に下がり、強風と豪雨が見舞った。こうした気象変化のなか、江藤さんは書斎にこもり、遺書を書いた。

「心身の不自由は進み、病苦は堪え難し。去る六月十日、脳梗塞の発作に遭いし以来の江藤淳は形骸に過ぎず。自ら処決して形骸を断ずる所以なり。乞う、諸君よ、これを諒とせられよ。平成十一年七月二十一日　江藤淳」

そして、風呂場で手首を剃刀《かみそり》で切った。

死はいろいろなことを明らかにする。江藤さんの自殺は世間に衝撃を与えた。NHKが特別番組を作るという。ついては、担当編集者に出演いただきたい、と求めがあった。すると、それまで「我こそ、お気に入り」と言って憚《はばか》らなかった者たちが、ことごとく断り、結局、私がそれに応えることになった。先輩たちは、江藤さんの論敵だった者に知れたらやりにくくなると、身をかわしたからだが、事前に番組の制作意図を知っていたのかもしれない。

番組制作の女性ディレクターは、その死を愛妻に先立たれた夫の末期《まつご》ととらえ、母親への思慕、執着が成人後も残り、精神的に自立できないマザーコンプレックスによるものと決めて、質問を繰り返した。私は、心にないことは言えず、仕上がった本を届けに上がったときに目にした江藤夫妻の姿を語り続けたのだ。自らに忠実な言動は江藤さんが最も大切にしていたことだった。

永六輔　夢声流の終わりを告げる

（平成二十八年七月二十七日）

昭和四十二（一九六七）年秋、デューク・エイセスのコンサートに行った。そこで披露された「にほんのうた」に、気持をそそられた。これは永六輔作詞、いずみたく作曲で、都道府県を歌で旅するシリーズと説明があった。歌われたのは、〽京都　大原　三千院　恋に疲れた……「女ひとり」、〽別れた人と　神戸で逢った……「別れた人と」など。

以来、ラジオからシリーズの新しい歌が聞こえてくると、紙に書き取って口ずさんだ。抒情とロマンに包まれた歌が多いが、富山県の「黒部四代」は、黒四ダムの建設に携《たずさ》わった家族を歌い、福岡県の「ぼた山」は、曲の背後に炭鉱事故の犠牲者への思いがある。

宮崎への帰省からもどった親友の髙穂勝紘君が、「宮崎の第二県民歌をお聞かせする」と、〽君は今日から　妻という名の　僕の恋人……「フェニックス・ハネムーン」を歌ったとき、この「にほんのうた」シリーズが、広く世間にいきわたっていることを知った。

昭和四十四（一九六九）年、都道府県すべてを網羅《もうら》したと聞き、永さんに「にほんのうた」完成手記を、「文藝春秋」に執筆いただきたいと依頼の手紙を書いた。

届いた原稿だが、永さんの書き方は三、四行の断片が並ぶもので、文章としてのまとまりがないのである。永さんに書き直しを求めたが、永さんには別の書き方はないという。

私は、長年の「にほんのうた」への思いも綴《つづ》った詫び状を添え、原稿を返却した。すると、何日もたたぬうちに永さんが来社された。手紙をうれしく読んだ、記念に受け止めてほしいとシリーズのLPレコードを渡された。

以後、幾篇の原稿をいただいたことだろう。永さんは、原稿を没にしたことを、忘れておられなかったと思うが、私の依頼に応じてくださるのだった。

平成十二（二〇〇〇）年、第四十八回菊池寛賞授賞のお知らせをした。「放送タレントとしてTBSラジオ『土曜ワイド』などを担当し、庶民感覚あふれる内容と語り口でラジオ放送に一層の親しみと楽しみを与えつづけてきた活動」。この授賞理由も私が書いた。平成十六（二〇〇四）年には、私が故郷の人たちと取り組んでいた「徳川夢声市民賞」を受けていただいた。

このとき、「夢声さんを顕彰する賞に、僕でいいのかな」と、菊池賞のときには聞かなかったひとことがあった。夢声さんは日記に「永六輔、不愉快なり」と書いていると永さんから伺《うかが》った。芸能界ではこれは、立場を危うくする後進への、先進が使う言葉である。ラジオのパーソナリティー（進行役）で、夢声流の終わりを告げたのは自分である、永さんはそう思っていたのだろう。

向田邦子　昭和のお姉さん

（平成二十八年八月三日）

七月二十二日、出雲市大社町の島根県立古代出雲歴史博物館で、この日から始まった「いわみもの」展を拝観した。幼いころから親しんだ器が並んでいた。なかでも昭和二十年代に廃窯した益田市小野の喜阿弥《きあみ》焼に心ひかれた。

昭和六（一九三一）年に書かれた、喜阿弥焼を絶賛する柳宗悦の「雲石（出雲石見）探美紀行」の一節が図録に紹介されている。

「のり入れだという小壺は形が卵の様で、蓋が美しい、焼け具合で耀変が来ると、例の大名物油屋の肩附きを思わせる。今時利休でもいたら、早速中から名器を択びだすだろう。土瓶は近来どこの窯でも堕落し切ってしまったが喜阿弥の飴薬土瓶は昔のままである。卓上で紅茶の土瓶にでも使ったら誰だって見直すだろう」

柳宗悦から高く評価された喜阿弥焼は、後に日本民藝館に収蔵された。

会場には「いわみもの」の片口を両手で翳《かざ》した作家の向田邦子さんの写真が掲げてあった。一九六〇年代に五百円で買い、日ごろは漬物を入れ、食卓に置いていたものという。その器も展示され、向田さんの文章が紹介されている。

「ただ自分が好きかどうか、それが身のまわりにあることで、毎日がたのしいかどうか、本当はそれでいいのだなあとおもえてくる」（「眼があう」）

向田さんは、昭和五十五（一九八〇）年七月十七日に選考会が行われた第八十三回の直木賞を受けた。私はこれに下読み委員として加わった。向田さんは「小説新潮」に短篇小説を書いていた。いくら完成度が高くても、二十二、三枚では候補にしにくい。そこで、ある日の会議で提案した。

「これまでの三篇をまとめて候補としては」

この案は受け入れられ、雑誌発表の「花の名前」「かわうそ」「犬小屋」の三作が選考委員に届けられたのだった。

八月六日の贈呈式と受賞者を囲むパーティーの席で、私は向田さんと言葉を交わすことができた。このとき、書かれる作品を読んでいて気になったことを手短に伝えた。すると向田さんの顔色が変わった。

「高橋さんですよね。そのことをじっくりと聞かせてください」

向田さんには、母親に代わって妹や弟の面倒をみる、しっかり者の「昭和のお姉さん」の雰囲気がした。慕う者が多く、彼らが二重三重の垣根を作り、私などの分際《ぶんざい》では面会は許されないのである。会うことができないまま、翌年の八月二十二日、台湾旅行中に飛行機事故で亡くなった。

この事故さえなければ、伺《うかが》うこともあっただろう。そのとき、「高橋さんの生まれはどこですか」と問われたら、「石見の益田です」と答えただろう。そうしたら、向田さんは「いわみもの」の器を見せ、お頼みすれば私の掌《てのひら》にのせてくださったことだろう。

松本清張　貴い犠牲者

（平成二十八年八月十日）

多くの注文を抱える松本清張さんの原稿を頂くのは、並大抵のことではなかった。ファクシミリなどない昭和四十年代のこと。深夜に幾度もタクシーを走らせ、書かれた分だけの原稿を運んだ。「次は三時に」と言われる。指定の時刻に早くても、遅くても機嫌が悪い。時間調整のためあたりを歩いていて、警邏《けいら》中の警官に誰何《すいか》されたことが何回かあった。

短篇小説はまだしも、「文藝春秋」編集部員のころ、連載小説『強き蟻』を頂いたときは毎月、「週刊文春」では同じく連載小説『西海道談綺』を頂くために、二年間、毎週これを繰り返した。

この物語は、今日の岡山県にあたる作州勝山藩の藩士が、妻の不義の相手を斬殺、逃亡する。名も身分も変え、密偵となって、西海道九州の隠し金山を調べる。それを妨げる呪術を使う山伏集団、莫大な富を得ようと暗躍する黒幕など入り交じり、執念、怨念の絡《から》む伝奇ロマンで、清張さんの最も長い小説である。「松本清張の最高傑作」という人もいる。

原稿を渡されるとき、「著者校正をしたい」と言われる。わずかな時間でも都合がつけば、それに応え控えゲラを運んだ。そして、戻ってきたゲラの書き込みや手入れを、手許に置いた印刷所に渡す本ゲラに引き写す。このとき、私は「文章の書き方」や「小説執筆の方法」

を、手を通して体で覚えたのだった。

掲載見本誌にそえ、毎回の感想を手紙に認《したた》めて届けるのだが、待ちきれず、清張さんは原稿を渡すと間もなく感想を求める電話をよこされる。このとき、「素晴らしいです」では満足されない。私は、どこが、どのように書かれているから、と言い添えることにしていた。

昭和四十八（一九七三）年発行の「文藝春秋臨時増刊『松本清張の世界』」に、清張さんが小説を書き始めた小倉時代、勤務する新聞社の同僚だった吉田満さんが書かれた文章がある。昼休みになると、清張さんは前夜に書いた小説を読んで聞かせる。「面白いか」の問いに、吉田さんは「面白いです」と答える。清張さんはこれに励まされ、小説を書き続けることができた。作家の誕生には、このような「貴い犠牲者」が必要なのである。もっとも最後のころには、「どうじゃ」と強要されて、辟易《へきえき》したと吉田さんは書いておられるが。

私は、依頼を受けた原稿を故郷の家で書くことがあった。書き終わるのがわかるらしく、母が側に来て、座卓を挟《はさ》んで座るのだった。

「読むから聞いてね」

私は書いた原稿を読み上げた。

「いいねえ、眼に見えるようよ」

いつもこう言って、励ましてくれるのだった。母は八年前に逝くまで、私にとっての「貴い犠牲者」であった。

三波春夫　人生讃歌

（平成二十八年八月二十四日）

リオデジャネイロ五輪が終わり、「二〇二〇東京五輪」へと気運が高まる。

昭和三十九（一九六四）年秋に開催される東京五輪のムードつくりに、最も効果があったのは「東京五輪音頭」ではなかったろうか。この曲は多くの歌手によって歌われたが、三波春夫さんのものが最も親しまれた。私もこの曲でこの歌手の大衆性を感じた。また、この曲への愛着は、作詞の宮田隆さんが、島根県の県庁職員だったことにもよる。

三波さんの「歌謡浪曲」は、台詞、歌唱、芝居を合わせた独特の藝の世界で、これこそ三波さんの真骨頂《しんこっちょう》と思った。

平成十二（二〇〇〇）年二月、私は「私たちが生きた20世紀」の特別編集長を勤めた。この中の特集「私の戦争体験」の執筆依頼の手紙を書いた。その返事は電話で伝えられた。

「大事なことを書きます」

届いた原稿は、原稿用紙の桝目《ますめ》をはみ出す勢いのある字で書かれていた。私はそれに益荒《ますら》男《お》を感じた。

書かれていたのは、シベリアでの捕虜体験で、ソ連の残酷さと関東軍上官の卑劣な行為であった。そして最後に、八月九日のソ連参戦で、三波さんの所属部隊は山中に陣を移してからのことが書かれていた。五日目の八月十四日の夕、三名のソ連軍使が白旗を掲げて現れた。戦争の常識を踏んで日本軍に終戦を知らせるためだったが、小銃を撃ち追い返した。これにより、三波さんたちは九月九日まで日本の敗北を知ることなく、退却行軍の苦しみを嘗《な》め、多くの犠牲者を出すことになった。これはひとつの証言と思った。

同じく平成十二年の夏、新井満さんから「三波さんに頼まれて作った歌。一清《いっせい》さん聴いて」と、CD『富士山』を手渡された。

いい歌だった。誰にもふるさとがあり、日本人はそこに富士山を探し、それを心に抱く。幼い頃から、それを仰ぐ。その富士山に励まされ、人生を歩む。懸命に生き、働いた姿をその富士山は見ていて、「よくやったね」とほめてくれるだろう。三波さんは、これを歌手人生最後の曲として吹き込んだ。

平成十三（二〇〇一）年四月十四日、三波さん逝去。その臨終を娘の八島美夕紀さんに書いていただき「文藝春秋臨時増刊　家族の絆」に掲載した。夫人が最後に語りかける。

「パパ！　パパは頑張りましたね！　たくさん、たくさん、新しい歌を作って歌って来ましたね！　ふたりでいっぱい作ったじゃないの！　偉くなろうねってふたりで言い合って、一生懸命やったわね。三波春夫を作ったわね！　偉い偉い！」

これはそのまま、三波さんの最後の歌「富士山」の内容である。人生讃歌の名曲である。

有吉佐和子　「あなたに書く小説」

（平成二十八年八月三十一日）

紫式部の花が終わり、枝に実がつきはじめるころになると、有吉佐和子さんを思い出す。『紫式部の実』は、有吉さんの絶筆の随想である。昭和五十九（一九八四）年八月三十日死去。ロンドンに短期留学中のひとり娘の玉青さんの帰国を待ち、九月に入って東京カテドラル聖マリア大聖堂で葬儀が行われた。

会葬者の玉青さんへの挨拶の列は長く、私に順番が来たときには閉会が迫り、「大変お世話になりました」と口にするのがやっとのことであった。

昭和四十二（一九六七）年秋、私は有吉さんの担当者となった。所属する「文學界」編集部のそれまでの担当者は、私より年長の女性で、重い婦人科の手術のため入院、それを機に私との担当替えであった。

編集長と挨拶に上がったとき、有吉さんがもらした言葉が忘れられない。

「私は玉青に恵まれたけど、お子さんが産めなくなった女性と会うのはつらいものよ。彼女もそうだと思うわ」

いかにも有吉さんらしい気遣《きづか》いであった。

通い始めて一年がたち、私は有吉さんの連載小説『終わらぬ夏』を手にすることができた。有吉さんは、一年分か、さらにその先まで書き上げ連載を始める。専門の学者に点検読みを依頼し、入念に手入れをしてから、毎月々編集者に渡されるのである。

「さぁ、始まったわよ。よろしくね。この小説はあなたに書くのだからね」と念を押すように言われた。

出版される本、すべてがベストセラーになる作家の作品を手にして喜んで編集部に戻ったのだが、思いもよらぬ事態が起きていた。人事異動で、明日から「文藝春秋」編集部で働け、との指示である。

有吉さんに伝えなければならない。いただいた原稿の感想を言った後、お宅を出てから数時間の出来事を話した。

「どういうことなの、私はあなたに書いて渡したのよ。もう書かない」有吉さんの口調は厳しかった。「せっかく、その気になったのに、何よ。本当に書かないからね」

しかし、連載の掲載は始まった。有吉さんは気を取り直されたのかと思っていたが、それは考え違いであった。昭和四十四（一九六九）年一月号に始まった『終わらぬ夏』は、翌年七月号で休載となった。言葉通り、原稿はそれ以後は書かれていなかったのである。

人事異動が繰り返され、「文學界」編集部に復帰するたび、有吉さんに連載の再開を願うのだが、状況が変わり執筆は無理とのことであった。そして、作品は未完のまま終わった。

有吉さんの葬儀を終え、秋が深まったころ、私はそれまで保管庫に置いていた『終わらぬ夏』の原稿を白紙に包み、それに東京カテドラルで玉青さんに伝えきれなかった感謝と別れの手紙を添えて、有吉家に郵送した。

豊田正子　文学の香気

札幌に住む作家の高橋揆一郎さんに『綴方教室』で知られる豊田正子さんの実名小説を書いていただき、昭和六十三（一九八八）年秋号の「別冊文藝春秋」に掲載した。

正子さんは、大正十一（一九二二）年に東京下町の貧しいブリキ職の家に生まれた。小学校の教師である大木顕一郎氏の指導で書いた綴方が大木氏の著書『綴方教室』に収められ刊行されると、正子の綴方（作文）は話題を呼びベストセラーとなった。高峰秀子主演で映画に、山本安英主演で演劇となった。

根っからの好人物の父親、甲斐性《かいしょう》のない夫に愛想をつかせながらも寄り添い、借金を重ねながら一家を食わせる母親、そして幼い弟、妹。この家族の暮しを描いた、少女の手になる「赤貧の書」である。戦争が次第に拡大し、不況にあえぐなか、少女が見据《みす》えた庶民の生活の記録である。だが、決して惨《みじ》めな貧乏話ではない。匂い立つ文学の香があり、読む人の心を洗った。川端康成さんは「文藝時評」で賞賛を惜しまなかった。

『綴方教室』は作文指導書で正子さんの綴方は参考資料でしかない、との大木氏の見解で、正子さんには印税は渡されない。大木氏は裕福な暮らしをするが、正子さん一家は、行き詰まり、夜逃げするありさま。著作権の常識では考えられないことがまかり通ったのだ。

（平成二十八年九月七日）

撲一郎さんは、正子さんより四歳下で、北海道の炭坑夫の五男に生まれた。境遇も似て、天才少女は憧《あこが》れであった。ふたりは、半世紀の後、中国訪問の作家メンバーとなったことが縁で、実名小説を書くこととなったのである。撲一郎さんは、純朴でお人好しの正子さんの男性との出会いと別れもつぶさに描く。二十七歳のとき、六十歳の作家江馬修《たかし》と結婚、二十二年後に江馬氏に若い恋人ができ、別れるまでが描かれている。

この作品を収めた単行本『えんぴつの花』が出来上がり、それを札幌に届ける朝のことだった。社の受付に正子さんが現れた。作品に描かれているように、「ふっくらとした色白の顔、とりわけ特徴的な一文字眉」の正子さんは、初対面でもすぐにわかった。

「これを差し上げたくて」

千代紙を貼った、ふたつの菓子箱を差し出された。撲一郎さんと私に、赤飯を炊いて持参されたのである。札幌に運び、ふたりで舌鼓《したつづみ》を打ったのだった。この菓子箱は、今も物入れとして愛用している。

「えんぴつの花」は、綴方のこと。単行本は初版のまま、版は絶えたが、正子さんと撲一郎さんの面影をとどめるこの書名は愛《いと》おしく、松江文学学校と中國新聞文化教室の文集の誌名に使用している。心をこめて綴る文の花にふさわしいと思うからである。

阿川弘之 その一　慈愛に満ちた広島言葉

（平成二十八年九月十四日）

広島カープのリーグ優勝で、ラジオ、テレビで元カープ選手、応援団のインタビューを聞く機会が多くなった。この言葉遣《づか》いが、いただけない。あのように粗野な話し方をしなければ、カープの強さを言い表せないのか。

私の郷里の益田の言葉は、広島に似て親しみを感じるが、広島を舞台にしたヤクザ映画が公開されて以来、いささか度が過ぎるようになった。

それでも東京にいて広島の言葉を耳にすると親しさを覚えた。上品で、優《やさ》しい広島の言葉の響きには、心なごんだ。作家の阿川弘之さんを訪ねる喜びのひとつにそれがあった。

昭和四十二（一九六七）年四月、文藝春秋に入社して間もなくのころから、阿川さんのお宅に通った。女学生の佐和子さんがセーラー服姿で挨拶されることもあった。私の言葉に広島訛《なま》りがあるのに親しみを感じてくださったのかもしれない。側におられた夫人が、「嫁に行けなくなるから」と、止められるにもかかわらず、

「佐和子がね、入ろうとした泥棒を追っ払ったんだよ」

胆《きも》の据《す》わった佐和子さんを愛《いと》おしむ阿川さんのそのときの表情は、慈愛に満ちていた。

阿川さんにいただいた短篇小説『十国峠』の取材では、そのころ熱海にあった文藝春秋寮

に泊りがけで出かけた。その往き帰りとも阿川さん運転の自動車に乗った。このとき、私は教本通りの模範運転を見た。制限速度厳守はもとより、車線変更の指示の出し方も適確。几帳面な人柄がわかる安全運転であった。

ある時期から阿川さんに、菊池寛賞の選考顧問をお願いした。慣例で迎えのハイヤーを回すのであるが、阿川さんは固辞《こじ》された。

「住まいの最寄りの多摩プラザ駅から、二十七分で永田町駅。そこから高橋さんと話しながら選考会場へ行きましょう」

地下鉄駅を出て、自民党本部前がいつも阿川さんとの待ち合わせ場所となった。確かにこれだと渋滞に巻き込まれることなく、時間通りにたどり着ける。乗り物好きもさることながら、合理主義が阿川さんの考えにあった。

松江に赴任して、挨拶状を送った。それを受け取ってすぐに阿川さんから電話をいただいた。私の借りた住まいが、百年前に、阿川さんの師である志賀直哉さんの松江での最初の借家のあった所とのことである。評伝『志賀直哉』を執筆した阿川さんは、松江の町を知り尽くしておられた。

松江で何をするのかを問われ、私は思うところを話した。そうしているうちに、人生の後輩の身の上を案じる、穏やかな広島の言葉が私をつつんだ。これが、阿川さんとの最後の会話となった。

阿川弘之　その二　作家誕生

（平成二十七年八月二十一日）

昭和四十二（一九六七）年四月、阿川弘之さんを東京都新宿区大京町のお宅に訪ねた。

「私が編集長で、高橋さんが部員だったかもしれませんよ」

これが新前編集者への挨拶であった。戦後、復員して職を探したとき、阿川さんは志賀直哉さんと文藝春秋の当時編集局長であった池島信平さんに会った。志賀さんは偽《いつわ》りのないところで、「阿川君に小説を書きながら勤めさせてほしい」と言われた。

「編集者は小説を書きながらでは務まりません。書く気があるなら、勤めずに書いてみたらどうですか」

池島さんのこのひとことがなかったら、作家阿川弘之は誕生しなかったかもしれない。『春の城』も『雲の墓標』も書かれなかっただろう。

翌年春、横浜市の新居に移られた。谷を挟んで、団地群が眺められた。「観艦式の気分になれる」と、満足そうであった。

そのころ新聞に連載しておられた『犬と麻ちゃん』を楽しみに読んでいた。この出版を取り付け、阿川さんの文藝春秋での最初の単行本となった。

阿川さんに「文學界」の昭和五十一（一九七六）年一月号に短篇小説『十国峠』を執筆いただいた。老境の政治家の最後の日々を描くこの小説の舞台には文藝春秋熱海寮が使われている。この取材のため、泊りがけで熱海に行った。

植木の手入れに来ていた職人と、休憩中お茶を汲みながら話を交わされた。頷《うなず》き聞いていた阿川さんが、いちどだけ、職人に気づかれないよう素早くメモを取られた。

頂いた作品に、それが生かされていた。主人公が庭の老松の樹齢を百年くらいかと植木屋に尋ねると、「とても百年なんてものできやしねい」という。熱海の老職人の口調が、小説を生き生きとさせているのである。

阿川さんに原稿の依頼を断られた覚えはないが、ひとつだけ阿川さん自身も書きたいもので、私が幾度も迫ったものの、ついに果たせなかったものがある。満洲国の官吏になり、安東の市長をつとめた異母兄阿川幸寿さんの一代記である。

「終戦後、中国からもソビエトからも命をねらわれ、逃避行した兄でした」と言われた。ノートもとられていたと思う。しかし、「文藝春秋」の巻頭随筆の連載が始まり、そのうち私も文藝春秋を退社した。

松江に来て挨拶状を送ったところ、阿川さんが電話を下さった。借りて住む松江市東茶町の建物のあるところが、志賀さんが松江で最初に借りた家のあった場所とのこと。百年ほど前、志賀さんはそこに数日いて、市内の内中原町の濠端の家に移り、百日を過ごした。私も五年後、志賀さんと同じ町内に転居した。阿川さんの敬愛する志賀さんの真似するのはおこがましいようで、お知らせをしないまま、終わった。

（同年八月三日、阿川さん逝去。追悼文として「中國新聞」に掲載）

大橋鎮子　花森安治の手腕を支える

（平成二十八年九月二十八日）

ＮＨＫ連続テレビ小説『とと姉ちゃん』が終わろうとしている。物語が私のかかわる出版界に展開され、不世出の編集者花森安治さんが準主役で登場し、関心が募《つの》る。また、昭和の時代が背景とあって、折からの昭和回顧の気分の中で来し方を思い返している。

『とと姉ちゃん』の放送に合わせ、松江歴史館で『花森安治さんは松江が大好きだった　―なつかしい昭和の松江―』を企画、こちらも会期終了が九月末と迫り、このところ見学者が絶えない。

「暮しの手帖」初代編集長の花森安治さんは、神戸の生まれだが、旧制松江高校に学び、松江に親しみ、伴侶も松江の女性。松江の人々の堅実な生活は花森さんが暮らしを考える原点になっている。会場に展示してある松江高校時代にすべてを手がけた「校友会雑誌」は、画期的もので、編集者としての基本にもなっていると自ら語っている。このように「暮しの手帖」には、花森さんのハイカラな神戸の要素と松江がかかわっているのである。

昭和三十九（一九六四）年、東京オリンピックで沸《わ》き立つさなか発行の「暮しの手帖」七十五号は松江特集を行い、花森さんは編集部員たちに松江を案内し、記事を書いた。「日本人の暮し方の、ひとつの原型が、ここに生きているのである」

この松江特集は、松江にある本当の日本を描いて、日本人の郷愁をそそる。後輩の編集者は刺激され、幾つかの優《すぐ》れた松江特集が生まれた。しかし、雑誌は次号が出れば残部は回収され処分される。これは何とも惜しく、それらを集めて一冊の本『松江特集』を作りたいと、暮しの手帖社に手紙を書き、平成二十二（二〇一〇）年秋、当時の社長横山泰子さんに面会した。「これほどのものが、図書館に仕舞い込まれているのは惜しい、松江を愛した花森さんのためにも、誰もが読めるようにさせて欲しい」と懇請した。

横山さんはひととき考えられたあと、首を縦に振り、

「大橋鎭子たちがおりますが、会って行かれますか」

と言った。横山さんは鎭子さんのお身内である。私は、その年初夏に出版された鎭子さんの著書『「暮しの手帖」とわたし』を読んでいた。花森さんが手腕を発揮できたのも、鎭子さんの支えがあったからと思ったものだ。

「会わせてください」

一階の一隅、十畳ほどの部屋に、九十歳の鎭子さんはいた。

「どこから来たの」「松江からです」「花森さんは松江が大好きだった」

会話はここで途切れた。同室の妹の大橋芳子さん、宮岸毅さんから松江取材のことを伺《うかが》っていると、突如、鎭子さんが話しかける。

「どこから来たの」「松江からです」「花森さんは松江が大好きだった」

鎭子さんに、みたび同じことを言わせてはならないと、私はその場を辞《じ》したのだった。

吉田健一　御曹司《おんぞうし》のお供

（平成二十八年十月五日）

早稲田通りの古本屋の入り口には、「一冊五十円」の札が立てられた平台があり、学生時代、私はここで多くの良書と出合った。そのひとつが、吉田健一さんのエッセイ集である。後に首相になった外交官の父吉田茂さんの赴任に従い中国、フランス、英国で育ち、広い視野から日本文学を考察するエッセイは、国文学を専攻する私にとって、中和剤のようなものであった。吉田さんの文章を読むことで、固まってしまう考えを溶かしていたように思う。

読むにつれ吉田さんへの関心が大きくなった。ゴシップも興味深かった。宰相の御曹司《おんぞうし》なのに、貧乏していて、短くなった煙草《たばこ》を、掴《つか》んだ指先が火傷《やけど》するまで吸う、出版社に借金を繰り返している、などなど。私は文藝春秋に入社し、その実態を目にした。配属された編集部の進行台帳に、「前渡金」の項があった。日付と金額が記され、摘要欄に「返」とあるのは、ごく初期のものであった。

編集部では、取り戻し策として、原稿の執筆を要請する。昭和四十二（一九六七）年の「別冊文藝春秋」に載った『大デュマの美食』『ああ海軍百分隊』は、そのために書かれ、私が新宿区払方町のお宅に原稿を頂きに上がった。

同じ年の十月二十日、吉田茂逝去。吉田さんに財産分けがあり、ほどなく借金は完済された。また、そのころから亡くなるまでの十年は、吉田さんは玄人《くろうと》受けする小説やエッセイを書き続け、文字通り、晩年の花を咲かせた。

吉田さんがなぜ、小林秀雄さんでなく、河上徹太郎さんに師事したか。これは昭和文壇の謎のひとつである。先輩たちに聴いたところ、文藝評論家となるのに、いずれにつくか、父君が佐佐木茂索文藝春秋社長に相談した結果だという。「小林さんについたら、つぶされる」これによって、吉田さんは中原中也のようにならないですんだ。佐佐木さんは文士の性格を知り尽くしていたのだ。

河上さんと吉田さんの面会日は、毎週木曜日と決まっていた。午後三時ころ、吉田さんは文藝春秋に現れる。そして、先輩編集者たちを相手に、ビール、ウィスキーを呷《あお》り続ける。吉田さんはこまやかな感性の持ち主で、素面では師と向かい合えないのだ。ころ合いを見て、私の案内で黒塗りのハイヤーに乗り、河上さんがいる銀座壹番館の「ソフィア」に向かう。

車中の吉田さんは、手首を絶えず曲げたり、回したりした。車が到着すると、「高橋」と言う。最初、何のことかわからないでいると、「財布」と言う。言われるまま、財布を見せると、手が器用に動いて、中から五百円札を取り出し、運転手に渡すよう、今度は無言で命じるのだった。

さながら英国の名家の御曹司とその従者。銀座行は、以後何回も続いた。二十三歳の私は、毎回チップ代五百円で、こんな楽しみを味わっていたのだった。

辻邦生　心通う作家と編集者

（平成二十八年十月十二日）

辻邦生さんは、小説の執筆と同様に、研究成果を後進に伝えることをよろこびとしていた。教壇に立ち続け、学習院大学フランス文学科で、昭和三十一（一九五六）年から平成七（一九九五）年までの四十年間に及んだ。この縁で同大学史料館には、執筆に係《かかわ》るすべての資料が収蔵されている。

「差し上げた『十二の風景画への十二の旅』の原稿を、史料館に収めさせてくれないか」

本作りをした記念にいただいた生原稿であったが、お戻ししたこともある。辻さんが亡くなってから、書斎の蔵書もすべて史料館へ運ばれた。箱詰めにする前に、カメラマンにより、書棚の記録写真を撮影したが、佐保子夫人の依頼で三日間、私はこれに立ち会った。辻さんの書斎の最後を、私は見届けたのだった。

史料館に運ばれた資料約四万点の整理が進んでいて、折おりに資料展が開かれている。今年の夏は「春の戴冠・嵯峨野明月記展」が開催された。また、晩秋には初の海外展「辻邦生――パリの隠者」が、パリ日本文化会館で開かれる。

昭和四十二（一九六七）年秋、辻さんに初めて会い、平成十一（一九九九）年夏に亡くなるまで、担当編集者をつとめた。その間、贈呈本のお礼、発表される文章の感想などを手紙に綴《づづ》った。また、旅先から風景スケッチを添え、はがきを書くこともあった。

「一清《いっせい》さん、手紙ありがとう。すべて大切にとっているよ」

言葉通りだった。史料館の学芸員冨田ゆりさんが、四十三通の手紙、はがきをコピーして送ってくださった。未整理の箱の中には、その数倍の私の手紙類があるはずだ。これらのすべてにではないが、返事もいただいている。平成八（一九九六）年に交通事故に遭《あ》ってからは、文字が右に流れるようになった。

「定規を当てて書くのだけれど、吹き流しのようになってしまう」

どんなに苦労をしても、辻さんは手紙を認《したた》めた。それらは、病身であるのに、私の体を労わるやさしさに満ちた内容であった。

ギリシャ正教のイコンついて、世界屈指の研究者である佐保子夫人が、海外出張で留守のとき、しばしば夕食の相手をつとめた。

その一夕、辻さんがもらした言葉が忘れられない。

「留学のために、佐保子に子どもを諦《あきら》めさせた。それがつらくてね」

戦後のゆとりのない時代、学問、研究を成就するためには、何かを引き換えにし、誰かを犠牲にせえざるを得なかったのだ。

たび重ねて会い、手紙をかわし、心を通わせた仲だから、作家と編集者でありながら、そのようなことも語り合えるようになっていた。

平野謙　病魔と闘い執念の執筆

（平成二十八年十月十九日）

昭和五十二（一九七七）年二月のことだった。電話交換手が、「聞き取りにくい声なので、間違いかもしれませんが一清《いっせい》さんを出してくれとおっしゃっています」と電話を取り次いだ。確かに私への電話であった。幾度も聞き返し、相手が平野謙さんとわかった。喘《あえ》ぎ、苦しそうな声は聴くに堪《た》えがたく、「これ以上、話してはいけません。これからすぐに上がります」と言い電話を切った。

世田谷区喜多見の家で向かい合った平野さんは、かつての佐分利信に似た風貌は失せ、頬も顎も肉が落ち、窪んだ眼窩《がんか》の奥の眼が、老眼鏡のレンズを通して、異様に大きく、光って見えた。

「君と最後の仕事をしたい、また『文學界』に載せて欲しい」と、息も絶え絶えに話すのだった。

平野さんは「毎日新聞」での文芸時評の担当を終えてから、これだけは書いておかねばと、昭和八（一九三三）年十二月に起きた日本共産党スパイ・リンチ事件に係《かか》わる記述を始めていた。この事件で急死した小畑達夫と平野さんは一時同居していたこと、また小畑逮捕のとき、逃走した大泉兼蔵の身辺の世話をした「ハウスキーパー」で、後に獄中で縊死《いし》した熊沢光子のことを、二回にわたって書いた『ある個人的回想』など一連の作品を、私はいただいて「文學界」誌上に掲げていたのだった。

食道癌の手術を受けると伺《うかが》っていたもの、それから一年もたたないのに、平野さんの衰弱ぶりははなはだしかった。

約束の原稿『あるスパイの調書―大泉兼蔵のこと―』は、再入院した大塚の癌研附属病院の病室で受け取った。

二百字詰原稿用紙に書かれていた。病魔と闘いながら書かれた執念の作品は、じっとりとしていて重かった。原稿番号を確認しようにも、原稿用紙がめくれないのだ。所どころに染みがあり、何かの雫《しずく》が垂れてインクの文字がにじんでいた。繰り返し読みなおされたようで、手垢《てあか》が付き原稿が重なり、容易にくれない。私は、指に唾《つば》をつけめくった。繰り返し指をなめた。不潔、不衛生など思う暇《いとま》もなかった。数え終えて顔をあげたとき、骨と皮の笑顔が私の目に飛び込んだ。嬉しそうだった。

私が受けとめた、これら「リンチ共産党事件」の文章は、三一書房から出版された。同社からは平野さんの父君で明治時代「早稲田文学」に評論を発表した平野柏蔭《はくいん》の遺稿集も刊行された。話題作とセットにして、平野さんが出版にこぎつけたのだろう。

癌は忌むべき病だが、命に限りがあることを教え、残りの時間に何をなすべきか問いかける。逃れられぬこととして、いずれ私にも、それが問われるときがくる。

佐々木久子　元祖カープ女子

（平成二十八年十月二十六日）

今年のプロ野球、広島カープの快進撃を後押ししたのは、「カープ女子」の諸嬢と言っていい。カープが女子力に援けられるのは、今に始まったことではない。「元祖カープ女子」は佐々木久子さん。弱いチームを励まし、「カープを優勝させる会」を結成したのは、昭和四十一（一九六六）年だった。

広島出身の文化人、芸能人はもとより、アンチ巨人をも巻き込んだところが、いかにも佐々木さんらしい。応援の甲斐《かい》があり、昭和五十（一九七五）年にセントラルリーグ優勝を果す。これで会は解散するが、するとまたカープは弱いチームになった。佐々木さんは「再びカープを優勝させる会」を結成、これが昭和五十四（一九七九）年から二年連続の日本選手権シリーズ優勝をもたらす。

佐々木さんは昭和二（一九二七）年に広島に生まれた。爆心地から一・九キロメートルの自宅で被爆した。広島大学を卒業後、単身上京し、昭和三十（一九五五）年、雑誌「酒」を創刊、以来、四十二年間、編集長をつとめた。酒豪たちの酒と肴と食の話のほか、有名蔵元はもとより全国各地の酒蔵の紹介につとめ、地酒ブームを巻き起こした。

佐々木さんは俳句を嗜《たしな》み、「柳女」と号した。

短夜や　病む君と酌む　古都かなし
苦き恋　茗荷の汁に　捨てている

終生、独身で通した佐々木さんだが、秘めた恋が句から偲《しの》ばれる。

俳句の師で、佐々木さんに酒の飲み方、とりわけ「酒品」の極意を伝えたのが、西鶴、蕪村研究の暉峻《てるおか》康隆早稲田大学教授である。下戸《げこ》の私だが、暉峻さん佐々木さんたちの集いには欠かさず参加した。

暉峻さんの俳号は桐雨。その辞世の句は、

さようなら雪・月・花よ晩酌よ

それに応《こた》えた柳女の句は、

忘れじな　花と酒との　けふの日を

偲ぶ会は命日の四月二日のころ。住いが近いことで帰りは佐々木さんのお供をした。随想集『今宵も美酒を』に「カキしゃぶ」が紹介されているのを読み、話題にした。出身地広島産のカキを取り寄せ、土鍋に酒二、湯一を煮立て、バターをスプーン一杯入れ、カキをくぐらせ、鍋のスープに少量の醤油を注ぎ、ネギ、生姜《しょうが》、一味、レモンを薬味にいただく。読んでいて舌なめずりしたものだ。

所望したところ、いずれ近いうちと言われたものの、私は松江の仕事に就《つ》き、佐々木さんは脳梗塞で倒れた。平成二十（二〇〇八）年、逝去。没後、三歳若く通していたことがわかった。佐々木さんは「酒の美肌効果」と語っていたと聞いた。

荻須高徳　日本に帰る気持はありません

（平成二十八年十一月二日）

昭和四十五（一九七〇）年の秋、二十六歳の私は、一年後輩の写真部員丸山洋平君と、二ケ月に及ぶ世界一周の取材旅行をした。東回りで、南北アメリカからヨーロッパに渡り、ロンドンからパリに入ったのが十一月九日。この日、フランスの英雄で元大統領シャルル・ドゴールが逝去、パリは喪に服していた。

取材の目的は、世界各地に住む日本人を訪ね、戦後復興を遂げ、トランジスターや自動車を海外に輸出し、その経済発展が注目されているなか、外国での日本人の評判はどうか。また、当人の母国への感想を伺《うかが》い、それをお気に入りの風景のなかで撮影した写真とともに、「週刊文春」に掲げるのである。

もちろん、それだけでは終わらず、各国の若者たちの溌剌《はつらつ》とした姿を紹介、また、行く先々で目にとまった情景をフイルムに収め、記事を添えて日本へ空輸した。十日朝、新聞のドゴールの訃報記事を読み、涙を流すパリジェンヌも、さっそくの取材対象であった。

その日の午後、画家の荻須高徳さんを訪ねた。昭和二（一九二七）年、二十六歳のとき、フランスに留学して以来、途中で戦争のため八年間の帰国を余儀なくされたが、「七十歳のうち、日本で過ごした歳月よりも、パリでの暮らしが長くなりました」と述懐した。

「パリや古いヨーロッパの街並みを画題にしています。日本に帰る気持はありません」

荻須さんの絵は、建物のみ描かれて、人影はない。「近ごろは路上駐車が多くて困ります。だから、ベニスに行くことが多くなりました。あそこは自動車を入られないのでね」

美代子夫人がいれてくださったお茶をいただいた。カップが置かれたテーブルの中央にある「仏日辞書」が目にとまった。長年フランス生活をする荻須さんだが、正しく言葉を受けとめるには、字引が必要であることを、今さらながら知らされた。

写真撮影は「北ホテル」のあるサンマルタンの運河にかかる橋上で行った。そのあと、若者たちの取材に向かうと告げたところ、「撮影を頼むにはフランス語でないと伝わらないでしょう」と、荻須さんはカード作りを提案され、自らメモ用紙に作文を始めた。

仕上がったところで、「これでいいかな」と、通りすがりの初老の男性を呼び止め、点検を願うのだった。正しい言葉遣《づか》いを心掛ける荻須さんだった。

荻須さんは昭和六十一（一九八六）年十月十四日、パリのアトリエで制作中に倒れ、亡くなった。一週間ほど前に、文化勲章受章が内定していたために、十一月三日には死去の日にさかのぼり、没後追贈で授賞され、美代子夫人に渡された。歌舞伎の六代目尾上菊五郎さん、植物学の牧野富太郎さんの前例はあるが、荻須さんの後にその例はない。

伊藤桂一　兵隊の本当の姿

（平成二十八年十一月九日）

伊藤桂一さんが亡くなった。これで日本の小説界に体験をもとに戦場小説を書く作家がいなくなった。私は平成二（一九九〇）年から四年間、「別册文藝春秋」の編集長を勤め、伊藤さんの戦場小説を掲載した。「戦争に行き、生き残った人間の務めとして、知っている限りのことは書いておきたい」との思いを受けとめてのことであった。

伊藤さんの話には心を浄化される思いがした。ある日の話は、戦場で生死を分けた者たちについてであった。

「それぞれが分け合っているのです。死者は生者のいのちを預かって死んだのであり、生き残った者は、死んだ者の生きるいのちを預っている。死者と生者には、こうした一体感があるんです」

伊藤さんは、自分のかわりに死んだ者のおかげで、この世を生きている、生き残った者として、死んだ者にいつ見られてもいい、という生き方をしなくてはと思っていると語り、著書『小説の書き方』の「語り部の資格」に、次のように記している。

「戦場小説は、必ず戦死者にかかわっているので、作者自身、平素の生活態度を、身だしなみをよくしたい。私自身は、酒、煙草《たばこ》は喫《の》まず、美食もつつしみ、遊びごとにも関心をもたない」

集いで一緒になると、帰り道、伊藤さんを喫茶店に誘った。「戦友」について尋ねたのも、そうした折のことだった。「戦友は、骨を拾いあう仲間」と言ってから、「戦友会は傷口を嘗《な》め合うところだなんていうのは違いますよ。兵隊は『自分たちはすべきことはした、責任は果たした』という思いです。互いに達成感を認め合いたいから会うのです」

昭和十二（一九三七）年、伊藤さんは二十歳で徴兵検査を受け、翌年一月に習志野の騎兵第十五聯隊《れんたい》に入営、のち騎兵第四十一聯隊の編成に加わり中国戦線に赴《おもむ》いた。騎兵として軍馬の話はくわしくかかれるが、脚を骨折した馬を始末するときの苦悩も書いている。愛馬に、「すまないけど、死んでくれ」と言い聞かせると、馬は涙ぐんで見つめるのだ。

平成十三（二〇〇一）年からの三年間、私は「文藝春秋臨時増刊」の編集長となり、歴史文化と人生をテーマに十二号さまざまな特集を企画した。これにも毎号欠かさず伊藤さんに執筆を依頼した。テーマは毎回違ったが、兵隊経験をふまえた文章であった。そして、同十七（二〇〇五）年より、新たな仕事に就《つ》いた松江にもお越しいただき、「松江文学学校」「文壇の円卓」の講師をお願いした。そこでの話題のひとつ。

「いのちを惜しむ人は、早く死にました」

伊藤さんは、日本の兵隊の本当の姿を描きつづけた九十九年の生涯だった。私はそこに人の生き方を学んでいる。

山中鉄三　この道を進んでみないか

（平成二十八年十一月十六日）

私は山口高校二年生のとき、文藝部誌「無蓋車」の編集に携《たずさ》わり、今日も松江文化情報誌「湖都松江」の編集を担当しているから、編集に係《かかわ》ること五十五年になる。掲載作品を求め、原稿をひたすら読み続けた。その間、文藝春秋在社中は新人賞の応募原稿読み、芥川賞や直木賞の候補作品を探すため、同人誌も読んだ。

私も小説を書いた。処女作は益田中学校の卒業前であった。国語担当の関本大喜さんが、「義務教育九年間の国語の授業の成果を、小説を書き示してみないか」と言った。私は原稿用紙に向かった。関本さんは「十五歳でこれが書けたら大したものだ」と言ってくださった。

高校二年の春、私は文藝部に入った。いきなり部長、編集長に推された。そして、二作目の小説を書き、自ら担当して部誌に掲げた。発行してほどなく、国語科の山中鉄三さんからはがきが届いた。作品の読後感を書き、「君はこの道を進んでみないか」とあった。

山中さんは早稲田大学で国文学を専修、大学の講師を務めた後、故郷の山口に戻り、高校の教諭になった。その授業は、教科書に載っているいい文章を選び素読に終始する。生徒は耳と目で文章に集中する。山中さんは、「いい表現だなあ」「この言葉は覚えておくといい」などと所どころで感想を述べる。これは理想の国語教育法と私は思う。

その山中さんに評価されたのである。私は、進む道を決めた。「小説を書くか、扱う編集の仕事をする」。十七歳であった。以来、この道を歩んできた。文章を読み、評価の基軸に山中さんの文章観があることは否《いな》めない。また、幾度かの創作体験も作品読みに係っている。「私でも書ける」と思った人は努力しても作家にはなれない。その程度では無理なのだ。一方、「私には書けない」と思った人は、「新人賞」を受け、そのなかのわずかな人が努力して、次の広く世間に知られた賞を受賞している。

山中さんは歌人として、窪田空穂に師事した。作られた歌を板書して詠むこともあった。「しんしんと音うしなひしものの降るしんじつ雪の一途なるかな」窓から雪景色を見て、口ずさんだ歌である。

休日にはお宅に伺《うかが》い、教室での話をさらに尋ねた。文藝に「人生主義」を唱え、「作品に人生的なものが加わることで個性的な作品となる」と言った。私は、いい作品を創るには、着実な生活が求められると受けとめた。

謦咳《けいがい》に接した方々が語られた。空穂の他に、秋艸道人《しゅうそうどうじん》（会津八一）、釈迢空《しゃくちょうくう》（折口信夫）、北原白秋、金田一京助、柳田国男、土岐善麿《ときぜんまろ》。さながら文学史をタイムトリップする思いであった。徳山大学に移られてからは、大和書房版『吉田松陰全集』の注釈を担当し、生き急いだ青年が遺《のこ》した「詩藻」を伝える仕事に専念した。

私は山中さんと同じ大学の、同じ学科に学んだ。教わった先生のほとんどが、山中鉄三の名を覚えていて、「後にも先にも、あれほど多く本を読み、熱心に学んだ学生はいない」と語るのだった。

辻 政信　国語力が戦の勝敗を決めた

（平成二十八年十一月二十三日）

私が早稲田大学で、国語漢文の授業を受けた堤留吉さんは、かつて陸軍士官学校の教官をしていた。

昭和十四（一九三九）年秋のことである。堤さんたち国語漢文の教官が一室に集められた。そして、戦場から帰ってきたばかりの将校に、すさまじい剣幕で怒鳴りつけられた。「国語教育ができていないから作戦通りにいかなかった。戦に敗けた責任は貴様らにある」

将校の名前は辻政信。戦とは、後に「ノモンハン事件」と言われる、満洲と外蒙古の領有権争いから起きた、ソビエト連邦軍と日本の関東軍の戦闘である。日本側の作戦指揮を執《と》ったのが辻政信関東軍参謀だった。打ち出す作戦命令が、部下たちの国語力の不足で、意を尽くした簡明な文章に綴《つづ》れず、指示が行き届かなかったというのだ。

国語力が戦の勝敗を決めた。これは辻政信の責任転嫁と取れなくもないが、ことほど、国語の教科は重要なのだと、堤さんは伝えたかったのだろう。私が、辻政信を意識にとめるようになったのは、このときからである。

古山高麗雄さんに戦争小説『断作戦』を書いていただいた。昭和十九（一九四四）年、ビルマ北部を支配していた日本軍は、イギリス軍と中国軍の攻勢により苦戦を強いられる。そのおりの両軍の物資補給路を遮断する「断作戦」を立てたのが、戦争展開を北進から南進へと考えを変えた辻政信であった。古山さんはじめ戦場にいた兵隊たちは、後にその計画書を知り、「言うは易く、行うが難し」と、机上の作戦計画に冷ややかだった。辻政信は幼年学校、士官学校を主席で卒業、陸軍大学卒業のときも、恩賜《おんし》の軍刀を拝領したエリート。「作戦の神様」と祀《まつ》り上げられた者に、前線の兵隊の悲惨な様子はわかっていなかった。

下重暁子さんの新刊『「父」という異性《ひと》』の最終章に、戦後、参議院員となった辻政信が登場する。東南アジアへ出かけ行方不明になる少し前のことだ。下重さんの父と辻政信は陸軍士官学校の同期生である。家庭教師のアルバイトで早稲田大学に通う学資をつくる下重さんのことを知り、不憫《ふびん》に思ってか、辻政信が、アルバイト先から帰る下重さんを呼び止め、紙袋を渡す。中には一年分のアルバイト料を超える金が入っていた。

下重さんは、反抗し続けていた父親であったが、このことを報告し、扱いを相談する。

「好意なのだからもらっておきなさい」

このとき耳にした人の好意を素直に受けとめるようにとの父の言葉を、下重さんは特記している。これを読んだとき、下重さんが抱きつづけた父への反抗心が薄らいでゆく感じがした。父と娘の微妙な葛藤は、決してめずらしいものではなく、何かのきっかけで治まっていくものだが、描かれる情景は、人の良心にふれて快い。それゆえだろう、私が抱いていた辻政信の印象も微妙に変化していくのだった。

田畑修一郎　玄人《くろうと》うけする作家

（平成二十八年十一月三十日）

先日、松江文学学校の受講生たちと三瓶山へ行った。ここは幾度も訪ねているが、この季節は初めてだった。故郷の益田出身の作家、田畑修一郎さんの最後の小説『郷愁』の最終部に晩秋の三瓶山が描かれていて、かねがね同じ季節に行きたいと思っていたのだ。

修一郎さんが三歳のとき生母が病死、九歳のとき銀行の支店長だった父が自殺する。顧客に信用貸しを始めたことが問題になり、私財を当てておさめたものの刑法上の罪となるのを恥じて自決したのだった。

修一郎さんは、生母の死去のあと家に入った父のかつての愛人が継母となって育てられた。彼女は料亭旅館「紫明楼」を経営し、ここには田中義一、若槻礼次郎など政治家や作家の島崎藤村も泊まっている。

幼少期の出来事は、子の心に影を落とした。継母も家業も疎《うと》ましく、修一郎さんは文藝へと心を逃避させた。旧制浜田中学校から早稲田第一高等学院、そして早稲田大学文学部へと進む。継母が死去すると「紫明楼」を処分し、得た金銭を同人誌の運営資金に当てている。その同人誌仲間のひとりに丹羽文雄さんがいた。

修一郎さんは昭和十年代に活躍した作家として評価されている。文章は写実に徹し、作品は玄人《くろうと》うけする確かな仕上がりである。私は同郷の後輩として高校生のころから読んでいる。昭和十七（一九四二）年夏、修一郎さんは満洲を旅した。このとき目にしたロシア人墓地での女性の祈りの姿に、人生の孤愁とそれを支えている愛情を感じ、それまでの継母への自分の態度に悔恨《かいこん》を覚えた。あわせて、見捨ててきた郷里益田と、そこに住む人々を思い、十七年ぶりに帰郷する。そして、旅の終りに、三瓶山に登り、「おれはおれに課せられた路を行く」と新たな決意を固めて山を下る。

小説ではあるが、これは修一郎さんの暮らしと心の軌跡に重なる。しかし、それから八ケ月後の昭和十八（一九四三）年七月、三十九歳で亡くなった。

昭和三十八（一九六三）年十月、早稲田大学で尾崎一雄さんの講演会が開催された。その質疑応答のとき、私は修一郎さんの人となりについて伺《うかが》った。

「四つほど年下だったけれど、田畑は大人だったね。若いのに、『実はその話には裏があるんだ』などと私たちには言えないことを言うんだ。みんな一目《いちもく》おいたね」

幼少のころの修一郎さんの身の上と哀しみが思われた。

私が小さいころ、世話になった木河の爺《じい》さんに、早稲田大学の文学部に進学すると伝えたときだった。

「お前も修坊さあのようになるんか」

と顔を曇らせた。木河の爺さんは修一郎さんの子守りだったという。その路を行くと、早死すると思って、私の身を案じるのだった。

尾崎一雄　科学万能主義への違和感

（平成二十八年十二月七日）

尾崎一雄さんのお宅を初めて訪れたのは、昭和四十二（一九六七）年五月五日。新前編集者の私は会っていただけるのが嬉しく、こどもの日の休日を返上しての訪問だった。会うや否や、「あゝ驚いた、檀君が現れたかと思った」と言われた。背丈も黒縁の眼鏡も、初対面のときの檀一雄さんとうりふたつとのことだった。

尾崎さんに会うのは、この日が三度目であった。最初は早稲田大学での講演会のとき、次は卒業式で来賓祝辞を述べられたとき。しかし、同じ座卓につくのは、このときが初めてであった。講演会の質疑応答で、同郷の作家の田畑修一郎について伺《うかが》ったこと、その訪問初日に、手帖を置き忘れたことが重なり、「檀君に似た、田畑と同郷の、忘れ物をした編集者」として覚えていただいた。以来、幾度、小田原市下曽我のお宅に通ったことだろう。

尾崎さんを私小説作家といい、私小説作家の書くものは身辺雑記で、社会性に乏しいと言われているが、尾崎さんはそうとは言えないと私は思う。尾崎さんは科学万能の考えに違和を唱《とな》えていた。人間が生み出した科学技術が人間の命を危うくしていることに危機感を覚え、「原子核」には、ことのほか注意を払っていた。その姿勢の中には東洋人としての考えがあった。昭和四十九（一九七四）年に書かれた『どこへゆく』の一節である。

「われわれにとって、山はアタックし征服すべきものではなく、六根清浄《ろっこんしょうじょう》をとなえて登るべきものだった。山川草木、鳥獣虫魚すべて敵ではなく仲間だった。共存者であった」

また、昭和五十七（一九八二）年の中野孝次さんとの対談では、「フランス、ドイツあたりを中心にして、やがて世界を征服した西欧の主知主義——その驕《おご》りが、こういう事態をもたらした」「人間はいろいろやり過ぎやしないか。さかしらもほどほどにしないと、今に自然から手ひどいしっぺ返しを食うぞ」と語る。東京電力福島第一原子力発電所事故、大気汚染による地球温暖化が原因の異常気象、それがもたらす災害を言い当てていると言っていいだろう。死を前にしての警鐘であった。

科学万能主義への違和感は志賀直哉さんも抱いていた。尾崎さんは志賀直哉さんに師事して、何かにつけて、志賀さん衣鉢を継ぐ姿勢をとった。ときにはそれを隠れ蓑《みの》にしているように感じることもあった。しかし、いつしか尾崎さんは自ら発言をされるようになっていった。志賀さんは最後に東洋的諦観へと近づいたが、尾崎さんはあくまでも追求を続けた。これは方法の違い、両者の特性であると私は思っている。

昭和五十五（一九八〇）年、広島の冬夏書房の梶野博文さんの尽力により、『田畑修一郎全集』が出版された。このとき私は、尾崎さんに全集刊行について随想を書いていただき「文學界」に掲載した。「田畑は老成していて、その『静』の繊細さに惹《ひ》かれた」と書いている。

尾崎さんは、この親友の全集を大部数買い上げ、各地の図書館に寄贈されていた。このことを尾崎さんが亡くなった後で、梶野さんからうかがった。その梶野さんもこの世にいない。私だけが知ることになった、尾崎さんの「友情の証」を記した。

東海林太郎　昭和を代表する歌手

（平成二十八年十二月十四日）

ＮＨＫ紅白歌合戦の出場歌手が発表され、曲目と歌手が紹介されるが、年を追うごとに馴染みのないものが多くなり、覚えて一緒に歌ってみたい曲がない。

私は時代遅れになったのだろうかと思っていたら、近ごろ、「お母さんが歌っている昭和の曲がなつかしい。教えて」という娘たちが増えているという。その風潮を捉えたのだろう、私が松江の寓居《ぐうきょ》で聴く、山陰放送の板井文昭アナウンサーたちの朝のラジオ番組には「昭和ＤＥ《で》ご唱和」のコーナーが誕生し、昭和歌謡が流される。東京では昭和三十年代の若者たちを集めた「歌声喫茶」が流行っているという。若い人たちも今日の曲に親しめないようだ。

昭和を代表する歌手と言えば、東海林太郎さんの名をあげる人は多いだろう。昭和四十三（一九六八）年の十二月、私は話を伺《うかが》う機会に恵まれた。テレビ局でのビデオ撮りが終わった後であった。開口一番、「七十の歳のせいじゃなく、クタクタに疲れました。おなかもすきました。わたし、歌う四時間前から絶食するので、今日も一時から歌うためにと、朝九時以後は何も食べていないのです。胃に固形物がなくなったとき、はじめていい声が出て、オペラでもなんでも歌えるのです。わたしの歌い方は腹式呼吸だからです」

それまで千六百曲以上を歌っていた東海林さんが、この一曲といわれたらと、『国境の町』をあげ、「男の哀愁がすきなんだ」と口にした。

「男の泣く歌をやっていますが、実は練習する時には、その男の心境に思い至って胸がつまって泣けて、泣けて歌えないんですよ。しかし、いざ本番、舞台に立ったらわたしは絶対に泣かない。まさに霜夜も凍る心で泣く気持をただひたすら歌うのです」

「歌を大切にする心は、舞台での態度に出ます。真剣勝負の場で、どうしてジェスチャーつけて歌えますか」

「歌手としてこのわたしの立つ一尺四方は道場だ。この舞台がわたしの修養の場だ」

こうした談話を筆記し、『今の歌手はみんな落第』と題し「文藝春秋」昭和四十四（一九六九）年三月号に掲載した。この談話は、その年の正月休みに帰省しないで、六畳ひと間のアパートに籠《こも》ってまとめた。東京の三が日は淋しく感じられるほど静かで、作業に集中できた。私は談話筆記の要領をこのとき体得した。以後、編集者として、何百篇の談話筆記、対談、座談会のまとめをしただろう。すべてがこのときの経験に基づいている。確かな実感を得たように、この東海林さんの『今の歌手はみんな落第』は評判となった。引用をまじえて幾つもの新聞コラムが書かれた。

その文藝春秋が、このたび音楽の催しを行う。「浜田真理子『昭和』をうたう」（十二月二十日、東京・紀尾井ホール）。「島根県松江に住む伝説のシンガーが、忘れ得ぬ昭和のスタンダード・ソング、知られざる名曲、懐かしのエレジーをしみじみと、哀切に歌い上げます」このような案内からもうかがえるように、昭和が見直されている。「昭和」を歌う私たちは時代遅れではなく、流行の先端かもしれないと思うのである。

渡辺淳一　包容力

（平成二十八年十二月二十一日）

出版社に勤める編集者であったころの十二月二十八日の日程は、佐藤愛子さんへの挨拶と渡辺淳一さん訪問と決まっていた。「別冊文藝春秋」編集長になり、連載小説を頂く佐藤さんへの一年のお礼には真紅のバラの花束を抱えてうかがった。

その後は、渡辺さんの忘年会に向った。渡辺さんとは、私が文藝春秋に入社した昭和四十二（一九六七）年六月三十日、初めて会った。「文學界」編集部が、十名ほどの新人作家たちを銀座出雲橋の「はせ川」に招いた。このとき、「札幌から上京しました渡辺です」と自己紹介した。大柄で、穏やかな顔の渡辺さんは、終始、話の聞き役に回った。包容力のある方とお見受けした。

渡辺さんはそれから、三年後に直木賞を受賞した。そのころのことである。「北海道からトウモロコシ、バレイショ、アスパラガスに蟹が送られてきた。食べに来てくれ」と、呼び出されることがあった。渋谷の公園通りにある仕事場に集まった五、六名が渡辺さんを囲んだ。「関節は反対に曲げると簡単に折れるのだ」と茹《ゆ》で上がった蟹の脚をポキポキ折って、手渡してくださる。さすが整形外科のお医者さんだった方と、感心したものだ。

出入りする編集者が年を重ねるごとに増え、渡辺さんを囲む会も各社が持ち回りで幹事を務めることになった。このとき、会の名称もつけた。札幌にちなみ「リラの会」、そのころ評判の新聞連載小説の題名から「くれなゐの会」など出たが、結局、「薮《やぶ》の会」と決め渡辺さんに報告した。医師としての渡辺さんを揶揄《やゆ》することで、叱声を浴びるのを覚悟して、おずおずと口にしたものだが、「いいよ」と、渡辺さんは大様だった。

「薮の会」の集いは盆と暮に開かれた。現役を退いた者たちも楽しみにしていた。ホテルの宴会場をあてないと収まりきれない参加者になった。黒木瞳さんなど作品が映画化された折に出演した女優たちも参加、トワ・エ・モアが歌った「虹と雪のバラード」の作詞者で、渡辺さんの札幌医科大学での恩師、河邨《かわむら》文一郎さんに会えたのも、この会であった。

平成二十三（二〇一一）年二月の芥川賞・直木賞贈呈式で、選考委員として渡辺さんは挨拶した。「作家として生き残っていくためには、自らの欲望と好奇心をぎらつかせなければいけない。金が欲しい、有名になりたい、女にもてたい、家を建てたい。これ結構大変なんですよ。どの世界もスターはぎらついている」。これが最後に聞いたスピーチとなった。渡辺さんは、この言葉通りの作家であった。

あのころ、「薮の会」忘年会がお開きになると、私はまた社に戻り、夜を徹して残務整理をしたことなど、懐かしく思い出す。二年前に渡辺さんが亡くなって、「薮の会」の集いは終了した。私は十二月二十八日の上京はしないで、佐藤愛子さんには、元旦に開花するように育てられた松江の花「牡丹」をお届けすることにした。

武田泰淳　大きな人

（平成二十九年一月十一日）

作家の武田泰淳さんは「大きな人」だった。右翼も左翼も、泰淳さんにかかるとひとつ坩《る》堝《つぼ》で溶かされた。昭和の作家で、泰淳さんの評価を気にしない者はいないと言っていいだろう。それは広く言論人にも及んだ。泰淳さんほど信頼された知識人を私は知らない。

昭和四十二（一九六七）年四月、新前編集者の私は、東京赤坂の泰淳さんを訪ねた。朝の訪問であるが、いきなりビールを出される。下戸の私は、すぐに酔いが回った。部屋にはカウンターで仕切られたキッチンがあり、百合子夫人が料理を作り、もてなしてくださった。

そのころ『秋風秋雨人を愁殺す』と題して、中国の女性革命闘士である秋瑾《しゅうきん》を書かれていたから、その余話を聞き、次の仕事ではキリストの母マリアを考えていると伺《うかが》うと、学生のころ哲学の講座で抱いた、キリスト教など宗教に関わる疑問など尋ねたりした。

ある日、仏教のことで、かなり込み入った話題になった。そのとき、「それからを知りたいのなら、『空』のことをわかる必要があるのだが、どうする」と言われた。アルコールがまわり頭痛がするようでは、お願いしますなど、到底言えない。私は、この世で最高の講義を受けられなかったことを、いまもなお悔いている。泰淳さんは核心に触れると、眼の中央に瞳がおさまり、穏やかだった目つきが一変するのだった。

私はいつも、酩酊して、送り出されるのだが、「また、いらっしゃい」といわれるのをいいことに、度かさねて訪問した。そして、執筆の順番を変更して、『異族の美姫たち』（のち『王者と異族の美姫たち』に改題）をいただいた。また、司馬遼太郎、安岡章太郎、江藤淳の三氏との座談会、河上徹太郎さんとの対談にも出ていただいた。作家が好みの歌手に作詞をして歌っていただく「別册文藝春秋」のグラビア企画で、坂本スミ子さんとの写真撮影も。

泰淳さんは浄土宗の寺の生まれである。いつであったか、父親の泰信さんの話になって、谷崎潤一郎さんの『細雪』を泰淳さんに勧められて読んだ泰信さんが、「これには、いかに生きるかが書かれていない」と口にされたともらされた。確かにその通りだが、泰淳さんは、それを書く小説と書かない小説の、どちらの楽しみ方も持ち合わせていたと思う。

泰淳さんが『わが子キリスト』を書かれたころのことである。「私は女性がわからない」と言われたことがあった。それはそのまま百合子夫人のことと、私は受けとめた。魅力的な女性であった。泰淳さんの小説に登場する女性には、夫人が投影されていた。ぞっこんだった三島由紀夫さんと泰淳さんは、百合子さんをめぐり競い合ったと、文壇では噂されていた。

百合子夫人が書いた『富士日記』は、泰淳ファンの愛読書としてのみならず、日記文学としての評価も高い。富士桜高原の別荘で記された昭和四十二年八月十一日のなかに、私が登場する。

「鳴沢のバス停から歩いてこられた。主人も私も驚く。別にくたびれたとも言わない。ビール、コンビーフ、おにぎりを作って出す」

私は二十四歳になったばかり。原稿をいただくために登る山道は、何の苦もなかった。

新田次郎　強い探究心

（平成二十九年一月十八日）

明十九日、芥川賞と直木賞の選考会が開かれる。長年、両賞に係《かかわ》り、個性豊かな作家たちの選考風景を見てきた私だが、中でも初めて直木賞の選考委員を務めた日の新田次郎さんは、一風変わっていた。

新田さんは、挙手をし、「議長！」と発言の機会を求め、司会者がふると「お答えします」と断って意見を述べられた。長い間、気象台に勤務されていた関係で、役所の会議の方法が身に付いていたのである。

この回の受賞作は宮尾登美子さんの『一絃の琴』と有明夏夫さんの『大浪花諸人往来』であった。新田さんは、有明さんの作品の写真に現れた写真機のレンズの傷が決め手になる仕掛けに疑問を抱いた。自身のカメラのレンズに傷もどきのセロファンテープを張り実験したが、書かれているようにはならない。そこで、何社ものカメラ会社の研究室に問い合わせたが、結果は同じであった。よって、授賞に反対であると発言した。

しかし、これは連作のひとつ、瑕《きず》があったとしても物語作りのうまさは直木賞に値するということで、結論は覆《くつがえ》ることはなかった。新田さんの、その回の選評は受賞にいたらなかった作品に触れ、受賞作については書かれていない。宮尾作品を評価されていたが、この受賞作に触れれば、有明作品も記さねばならない、それはしたくない新田さんの選択だった。

新田さんには、科学者としての考え方が基本にあり、探究心も強かった。司馬遼太郎さんの『本の話』という随想に、新田さんが関心を抱いた、生まれたばかりの赤ちゃんが、母乳を吸う話が書かれている。誕生早々の赤ちゃんの唇や舌に、それほど強い筋肉があるものか疑問を持った。仮説を立て、赤ちゃんは舌で乳房の乳頭を巻き、真空をつくっているのではないか、と容積や何やらを計算してみた。この話は、私も新田さん自身から伺《うかが》ったことがある。そのときは、夫人を相手にほほえましい実験をともなう話だった。

新田さんが富士山気象レーダー建設を描く『富士山頂』のゲラの受け取りに、吉祥寺のお宅を訪ねたのは、昭和四十二（一九六七）年六月末であった。手入れのすむまで、夫人の藤原ていさんが話の相手をしてくださった。

私の母が夫人と同じ年齢で、三十六歳で寡婦になり五人の子供を育てたことを、問われるままに答えた。すると、「親孝行が足りない！」と叱られた。確かに孝行はいくらしても足りないことだが、作家の夫人に叱声を浴びせられたのは、このときだけである。

昨年十一月十五日、夫人の訃報に接したとき、苦《にが》い思い出がよみがえったが、先ごろ、「文藝春秋」一月号に書かれた藤原正彦さんの『父・新田次郎と母・藤原てい』を読んで納得した。そこに描かれていたのは、夫を叱咤《しった》激励し続ける夫人の常日頃の姿だった。

黒澤 明　原作者の代理で映画化交渉

（平成二十九年一月二十五日）

私の青春時代の楽しみのひとつは、黒澤明監督の映画鑑賞であった。新作を見るのは昭和三十六（一九六一）年の『用心棒』からで、以後、『椿三十郎』『天国と地獄』『赤ひげ』と続く。それ以降の作品には、もの足りなさを感じて、もっぱら旧作を観た。『わが青春に悔なし』『羅生門』『生きる』『七人の侍』『隠し砦の三悪人』。これら作品を何度観たことであろう。貫かれている人道主義《ヒューマニズム》に共感した。私にとって映画の原点、またエンタテイメントの手本でもある。

昭和六十二（一九八七）年秋のことだった。黒澤監督の家族の方から電話が入った。村田喜代子さんの『鍋の中』を映画にするから、契約書にサインをもらってくれ、と言う。『鍋の中』は、その夏に選考会のあった第九十七回の芥川賞受賞作品で、私が本作りを担当した。村田さんに尋ねると、全く覚えがないとのこと。それでも、村田さんは黒澤監督に敬意を表し、話を伺《うかが》うようにとのことであった。「一清《いっせい》さんに任せるので、大事な娘を嫁に出す親の気持になって交渉してください」

交渉では、題名の「八月の狂詩曲《ラプソディー》」は最後まで変更されなかったが、「未来永劫、この作品は黒澤明以外映画化しない」との契約書の文言は、「五百年間」と改めていただいた。

村田さんからは、私が「親代わり」として黒澤監督に直接面会し「よろしくお願いします」と挨拶を終えてから、契約書にサインをするといわれていた。しかし、監督は体調を崩しているので、会えないという。「では、回復を待って」と私は言い続けた。「頑固な人」と呆《あき》れられ、渋々ながら聞き入れられたが、私は作家と作品を守たい一心だったのである。

約束の日、成城のお宅を訪ねた私を、黒澤監督は玄関で迎え、二階の応接間へと案内してくださった。階段を二段跳びに上がられる監督を見て、「お体のお具合いがすぐれないのでは」と伺うと、「誰が、そのようなことを」と言った。

「脚本をお読みくださいましたか」と向い合うとすぐ問われた。

「いいえ、見せていただいておりません」

「えっ、高橋さんになんて失礼なことをするのだ」

撮影現場での叱声は、聞くところだが、私はそれを直《じか》に見聞きしたのだった。

届けられた脚本も、そして、後で観る映画も、私には思いが残った。村田さんも同様だった。映画の感想を綴っていただき、私は「別冊文藝春秋」に掲載した。その題名は『ラストで許そう、黒澤明』。たしかに、暴風雨の中、老女が傘を飛ばされながら進む最後のシーンは印象的であった。とはいうもの、小説にはこのような情景はない。

あの日の「親代わり」としての歓談は思い出深いが、黒澤監督の「だましもの映画」の出演者に仕立てられた感じが、してならないのである。

中里恒子　「人生の秋」再会と別れ

（平成二十九年二月一日）

逗子に住む作家の中里恒子さんを訪ねると、帰りがいつも遅くなった。身仕舞《みじまい》を正して暮らしておられたが、ひとり住まいの家は拭《ぬぐ》いようのない寂しさだった。「もう少しいて。お話ししていたい」と言われると、老齢の女性をおいて立ち上がるのは、忍びがたい。ぎりぎりまで話し相手をつとめ、逗子駅へ急ぎ、東京行最終電車に乗り込むのだった。

寂しい日ばかりではなかった。中里さんは節分を楽しみにして、この宵は出版各社の担当者が一堂に会した。中里さんの手料理をご馳走になり、年男が声を張り上げ豆まきをした。お開きになると、それぞれに家族への土産が渡される。法被《はっぴ》を着たキューピーや貝殻細工など、自宅の戸棚には今もそれらが並んでいる。

中里さんは、若いときに幼い娘を連れて離婚した。娘がアメリカに留学し、そこで結婚すると、ひとり小説を書いて暮らすことになった。その中里さんを、二十数年ぶりに再会した男が訪ねる。この「人生の秋」の男女の出会いと別れを『時雨の記』に描いた。

大人の男と女には、はかない肌の触れ合いよりも、思い思われることに悦びがあった。だが、それも男の死で終わる。「ひとを待つ気持のなくなった寂しさも、たとえて言えば、いっときの時雨のようなものでありましょうか」と、中里さんは自分自身の心境を物語の女主人公に述懐させている。

中里さんの次のテーマは、この心境を描くこと、これから高齢者が多くなるなか、老いの孤独が人生最後の課題になると、編集者の私は思った。

中里さんは、しかし、勧めてもそれには向かわず、明治、大正時代の日本を代表する登山家で高山植物の低地培養を手がけ、関東大震災で植物園もろとも山津波で死亡した、辻村伊助とその家族の物語を書いた。

辻村伊助はアルプス登山のおり知り合ったスイス女性と結婚した。作家はデビュー作に回帰して作家生活を閉じる。中里さんは、兄たちの国際結婚の明暗を書いて、女性として最初に芥川賞を受けた作家であった。

最後の作品『忘我の記』は、私が本作りを担当した。打ち合わせは、入院先の病室で行った。このときの中里さんは、髢《かもじ》も入れ歯も化粧もなく、素顔のままであった。何もかも解いて、中里さんは私と向き合った。

それから数日後の昭和六十二（一九八七）年四月五日、私は呼ばれて病院に走った。固く組み合わされた両手が胸のところで震え、中里さんはもがいていた。私は染みの浮き出た両手を掌《てのひら》でくるみ、耳元で言った。

「先生の作品を守ります。ご安心ください」

中里さんは、何度もうなずいた。そして、ほどなく動きが止まり、しずかになった。

吉永小百合　栗原小巻

同年齢に共通する心情

（平成二十九年二月八日）

吉永小百合さんと栗原小巻さんは、ともに昭和二十（一九四五）年三月の生まれ。十三日に小百合さん、次の日に小巻さんと、誕生日は一日違いである。私は前年の八月生まれで同学年。それもあってふたりには同年齢の共通する心情を感じる。

小百合さんが出演の映画『愛と死をみつめて』に感心した。昭和三十八（一九六三）年に出版された大島みち子さんと河野実さんの往復書簡集をもとに作られている。小百合さんは、軟骨肉腫を患ったみち子さんが、顔の半分を切除する手術を受けても、明るく生き抜こうとする姿を演じた。

その映画からほどなく、小百合さんは私の学ぶ大学に入り、キャンパスで行き交うこともあった。脇目も振らず教室に向かう姿には張りつめたものを感じた。

いつであったか、「週刊文春」の誌上で、プロデュースし、出演したい作品として、中里恒子作『時雨の記』、夏樹静子作『女優X　伊沢蘭奢《らんじゃ》の生涯』、ウォラー作『マディソン郡の橋』をあげていた。私が係《かか》わった作品がふたつもあって、ここでも私たち世代の共通する思いを感じた。このうち『マディソン郡の橋』はラジオドラマに、『時雨の記』は映画化を実現している。映画撮影が行われた撮影所に行き、中里さんの人となりなどお話ししたこともあった。

小巻さんとは、昭和四十二（一九六七）年のNHK大河ドラマ『三姉妹』に出演のころ、「別冊文藝春秋」のグラビア企画で、結城昌治さんとの写真撮影の交渉をしたのが始まりであった。結城さんの『ゴメスの名はゴメス』は、俳優座の舞台女優だった小巻さんが、初めて映画出演した作品とうかがった。

以来、編集する雑誌での原稿執筆の依頼、また舞台を鑑賞し、楽屋に挨拶に上がるうち、「映画になる作品があれば教えてほしい」と、言われるようになった。

三好京三さんの『子育てごっこ』を手がけたとき、「これだ」と直感した。住まいが近くとあって、帰途に封筒に入れた単行本を郵便受けに入れた。底に届いたときの重い響きが、いまも耳に残っている。作品は、直木賞を受賞するが、その前に、映画化の準備が進められていたのである。小巻さんは、山間の分校の女先生、加藤剛さんが男先生に扮《ふん》した。私は十年かかったが、約束を果たしたのだった。

今日、小百合さんは映画、また原爆詩の朗読に、同時代を生きる者としての責務を果たす活動をしている。小巻さんは、舞台で本領を発揮。実弟の加来英治さん演出の『アンナ・カレーニナ』は、見るたび内容が深くなり新たな発見がある。ふたりの信念を貫き、仕事に向かう姿にも、同年齢の共通する生き方を感じるのだ。

私は戦後民主主義のもと教育を受けた。教師の多くが復員された方で、「ふたたび戦争をしてはならない」と繰り返された。体験を通した信念の言葉を大切にしている。

井上光晴

「俺こそ『第三の新人』」

（平成二十九年二月十五日）

文藝担当の編集者の私は、作家訪問に明け暮れた。なかでも、井上光晴さんの世田谷区桜上水のお宅には足しげく通った。昭和四十年代、井上さんは文藝誌の巻頭を飾る作品を次々と発表し続けていた。

井上さんがノートに下書きした小説を、郁子夫人が二百字詰原稿用紙に清書する。それが仕上がるまでが、井上さんと私たち編集者の談笑の時間である。井上さんは丸谷才一、開高健と並ぶ「文壇三大音声《さんだいおんじょう》」で、話し方も強い口調である。

「君、知ってる？『第三の新人』は、俺のことだったのだぜ」

井上さんの話はおもしろく、「嘘つきみっちゃん」と言われていた。たとえばスターリン時代のソビエトに題材をとった『黒い森林』の裏話として、赤の広場でトランプ占いをして滞在費を稼いだ。ロシア女性と知り合ったが、それがKGB（秘密警察）だったなど、どこまで本当か嘘か。しかし、「第三の新人」はまことだった。

「第三の新人」は、文藝評論家の山本健吉さんが、昭和二十八（一九五三）年一月号「文學界」に発表したエッセイで、そこで取り上げられた作家は、「西野辰吉、井上光晴、長谷川四郎、堀英夫、武田繁太郎、伊藤桂一、沢野久雄、吉行淳之介」である。「吉行淳之介、遠藤周作、小島信夫、安岡章太郎、庄野潤三、三浦朱門」を、今日「第三の新人」と言っているが、これは本来のものから異なる。先日亡くなった、三浦朱門さんを「第三の新人、最後のひとり」と自他ともに言っていたのは、正しいとは言えない。

井上さんと話しているところに、幼い女の子が寄ってきて、井上さんにまとわりつく。井上さんは、膝に抱え、顔を寄せ、やさしい口調で語りかける。この子が後に直木賞を受賞する井上荒野さんである。

原稿の清書が手間取り、その間、すすめられるまま風呂に入った。原稿はほどなく手にできると思うと、気がゆるみ、ついつい歌が口をついて出た。湯上りに、「君、歌がうまいな」と、井上さんに言われ、赤面したことがあった。

幾度か「君、新宿でお祝いしよう。今夜は付き合え、歌も聞かせろ」と、井上さんに言われることがあった。私が下戸と知ってのことだ。

もちろん、これが口実に使われることは、察した。「わかりました」と、郁子夫人の耳に届くように返事をして、井上さんと私は出かける。

井上さんは、新宿まで来ると「じゃ、ここで」と姿をくらました。

そのころ、井上さんは瀬戸内晴美さんと恋におちていた。テレビの特集番組に出た瀬戸内さんが、出家し「寂聴」になったのは、井上さんとの関係を清算するためだったと告白した。私は、それを知ったとき、せっかく秘密を守ってあげたのに、と思うのだった。

吉行淳之介　頼もしい兄貴

（平成二十九年二月二十二日）

明二十三日の宵は芥川賞・直木賞の贈呈式、受賞パーティーである。それについて忘れられない情景がある。昭和五十一（一九七六）年二月九日、新橋の第一ホテル。第七十四回の受賞者は、芥川賞が中上健次さん、岡松和夫さん、直木賞が佐木隆三さん。これに吉行淳之介さんがめずらしく参加された。吉行さんは芥川賞選考委員だが出席は稀であった。

パーティーに移ってほどなく、私は吉行さんに声をかけられた。

「一清《いっせい》、よかったな。中上にいい作品を書かせたな。『岬』はいいね」

選考会では、強く推されたと聞いていた。受賞作の担当編集者への労《ねぎら》いの言葉である。吉行さんには、受賞作に係《かかわ》った編集者が今宵をどんな気持で迎えているか、わかるのだ。そして、「中上を紹介しろよ」とおっしゃる。中上さんを、吉行さんに引き合わせると、吉行さんは左袖口をまくって、腕時計をはずし、それを中上さんの掌《てのひら》にのせた。

「これを見せたくって来たんだ。君ももらったんだ」

吉行さんは中上さんの手に自分の手をそえて腕時計を裏返し、「第三十一回芥川龍之介賞吉行淳之介君　昭和二十九年……」と太い声で、刻まれた文字を読んで聞かせた。私は中上さんに文壇のいい兄貴ができたような思いがした。

昭和五十六（一九八一）年、第八十五回の芥川賞では、十五歳下の妹である吉行理恵さんの『小さな貴婦人』が受賞した。先の中上さんの受賞の回で、候補にあがった理恵さんの作品について、「評価を差しひかえる」との態度をとり、投票にも加わらなかった吉行さんであったが、このときは「妹の作品だが書けている」と、明快であった。傍聴していて、爽やかな風が流れるような感じがした。

後日のことだが、理恵さんの小説集『迷路の双子』の出版に携《たずさ》わった。そのころ理恵さんは、数人の異常なファン心理状態の男性読者が出現して悩まされていた。私は挫《くじ》けそうになる理恵さんを励まし出版にこぎつけたのだった。それを吉行さんは知っていて、「妹を助けてくれてありがとう」と礼を言われた。

騒動が終わって理恵さんがもらした。

「作家は三人の異常な人をかかえる。理恵も一人前になった証拠、と兄は言ってくれました」

このような励まし方もある。頼りがいのある兄としての吉行さんを知る思いであった。

吉行さんの旧制静岡高等学校での同級生に鈴木重生さんがいて、中央大学で教鞭をとるかたわら、小説を書いていた。私がその一作を「文學界」に掲載したとき、吉行さんが電話を下さった。

「俺は期待しているんだ、よろしく頼むぜ」

どこまでも情の深い人と、吉行さんが、またさらに頼もしい兄貴に思えてくるのだった。

岩田専太郎　純情

（平成二十九年三月一日）

松本清張さんの時代小説『西海道談綺』は、岩田専太郎さんの挿絵で飾り、昭和四十六（一九七一）年五月から五年間、「週刊文春」に連載された。長期休載もあり、実質四年ほど。私はこのうちの二年を担当した。

そのころ清張さんは、週刊誌の連載三本、新聞連載が二本、月刊誌の連載三本、それに絶え間なく注文原稿の執筆をしておられた。六十歳で、これほどの仕事をこなしている作家は私の知る限り他にいない。

岩田さんは、毎朝十時に朝食をとる。そのとき、届けた原稿を弟の英二さんが読み上げる。食事が終わると、テーブルの上が片付けられ、「さあ、やろう」の一声で、描き始めるのだった。それを見届けると、原稿を抱え印刷所へ行き、入稿。そして、すぐに岩田さんの所に引き返し、仕上がった絵をいただき、また印刷所へ。毎週、これを繰り返した。

清張さんの原稿が遅れ、十時に間に合わないことが何度かあった。

「約束が違うじゃないか、帰《け》えれ！　こんなものに絵が描けるか！」

渡す原稿を突き返す。そのやり取りをするうち原稿が床に散った。それを集め、「お願いします」を繰り返した。だが、絵はもらえず、かわって「本稿関係地図」を掲げ、頁を作った。

岩田さんの恩師の伊東深水さんの亡くなったときも、そうだった。臨終だと言われるものの、清張さんの原稿が届かない。そのうち亡くなったとの報せが入った。原稿を抱え、走り込んだ私の胸を、拳《こぶし》で叩き、泣き喚《わめ》いた。

「お前は恩師の死に目に合わせなかったひでぇやつだ、鬼のようなやつだ」

「もう描かない、やめた」を繰り返す岩田さんの前で、頭を下げ、「鬼」といわれるのにも耐えていると、英二さんが、「高橋さん、頼む、辛抱《しんぼう》してくれ。兄はすぐに機嫌を直すから」と囁《ささや》くのだった。

昭和四十九(一九七四)年二月十九日、岩田さんが亡くなった。私の手許《てもと》にある一回から百二十一回までの挿絵を戻しに上がろうとすると、しばらく預かるよう英二さんに頼まれた。そして、二年がたち、英二さんが挿絵を引き取りに来られた。トレーシングペーパーをかけた作品を差し出したところ、

「わがままな兄の世話をしてくださって、ありがとうございました。何のお礼もできないから、せめて、私が後ろを見ている間に、好きな絵を何枚でも抜き取ってください」

固辞《こじ》すると、それではこちらが困る、とおっしゃって、「さあ、お願いします」と、後ろを向かれる。このようなとき、「取りましたよ」と、芝居のひとつでもすればいいのだろうが、私にはできなかった。

岩田さんが亡くなったのは七十二歳。いま、その年の私だが、あの純情はない。また、あれほど、兄に尽くす弟を見たこともない。

林京子　運命とは受けとめられない

（平成二十九年三月八日）

先ごろ逝かれた林京子さんは、長崎高等女学校三年生だった十四歳のとき、三菱兵器工場に学徒動員され、勤労奉仕中の昭和二十（一九四五）年八月九日、原子爆弾で被爆した。爆心地から一・四キロメートルしか離れていない所で、奇跡的に助かったのだが、同じ三年生三百二十四人のうち九月末までに五十二人、同行の三人の先生が亡くなっている。

三十年を経《へ》て、その体験をもとに書かれた『祭りの場』が、文藝誌「群像」の昭和五十（一九七五）年六月号に発表されると、一読、私は「今度の芥川賞はこれで決まり」と思った。体験者でないと、書けないことを、後に発表された記録により検証し、作品化していた。会って、私たち「文學界」にも書いてほしいと頼みたい、と思った。

逗子駅からバスに乗り、最寄りの停留所から、田圃の中の一本道を歩いた。以後、この道を幾度も通うこととなる。

予想通り、その年七月に行われた第七十三回芥川賞選考会で、林さんは受賞した。そして、依頼をしてから一年後、小説『道』をいただいた。三十年ぶりに、亡くなった三人の先生の最期を知り、墓参する林さんの身の上が書かれていた。動員された生徒の職場を見回り、戸口に立ったとき、閃光で眉間を裂かれ即死した先生、顔面が崩れるほどの火傷を負いながらも生徒を救出し息絶えた先生、生徒の救助に駆け回り、林さんの生存を確かめると肩を抱いて喜んだ先生も、残留放射能による原爆症で亡くなった。原稿を読むうち、あまりにも酷《むご》い死に、涙が流れた。『道』は、十年後に作品集を編み、表題作とした。

林さんの許《もと》へ通ううち、私は二人の娘の父になった。それを知ると、林さんは自分の出産の苦悩を語った。「被爆二世と呼ばれることや結婚にあたり、息子がどのような経験をすることになるか」不安は絶えないと言う。幸い、息子さんには症状はなく、伴侶にも恵まれたが、「核」の後遺症は計り知れない。「人のしでかしたことを、運命とは受けとめられない」と林さんは言った。

林さんに、被爆した者として、「核」廃絶をテーマの文章を、毎夏、書いていただくことを、私は編集者の使命とした。そのたび『祭りの場』を読み返した。そのうち悲惨なめに遭《あ》った長崎高等女学校生徒が、同じ年ごろとなった私の娘たちと重なり、それを受けとめた親たちの哀しみを思うのだった。

林さんから最後にいただいた文章は、三人の先生方を書いたもので、「文藝春秋臨時増刊日本人の肖像　このすがすがしい生き方」に載せた。『祭りの場』でも『道』でも、イニシアルや仮名であった先生を、本名で記し、肖像写真も提出してくださった。いずれも独身で三十歳前後。凛《りん》とした姿は、生徒たちの憧《あこが》れだった。「先生方に恋愛の経験があったでしょうか」林さんがふともらされたとき、私は娘の幸せを思う母の面差しを見たのだった。

藤原審爾　作家の関心事

昭和四十二（一九六七）年四月。新入社員の私にも、編集者として担当する作家が与えられた。その中に、私の会いたい作家のひとり藤原審爾さんがあった。学生のころ映画『秋津温泉』を観た。戦争を挟《はさ》んで温泉旅館の若女将と青年の恋愛を描いていていた。日をおかず、原作の藤原さんの文壇デビュー作を読み、中国山地の四季の風景描写と、抒情性ゆたかな物語を堪能した。

初対面の日の私は『秋津温泉』への思いを語った。しかし、藤原さんは詰《つ》まらなさそうだった。そして、「また来いや」と送り出されたのだった。それでも、藤原さんと話していると、親元に帰ったようで、気持が和《なご》んだ。言葉には出身地の岡山の訛《なま》りがあり、私の故郷益田の言葉に似ていた。

半月後に訪ねた。そのときは、発行されて間もない小説誌に載った短篇小説の感想を口にした。すると、「そがあな感じがしたか」と耳を傾け、作品の細かな描写について感想を求められたのだった。このとき私は、作家にとっての関心事は、最新作がどう読まれたかにあり、編集者はその次の作品を作家に書いていただくことであると知ったのだった。学生のころ、私がいた国文学の教室では、作家の作品は発表順に読むものだったのである。

（平成二十九年三月十五日）

藤原さんは「藤原組」という野球チームのオーナーだった。甲子園に出場した選手で、大学に進学したものの、宿舎に入り上下関係の厳しい野球部生活になじめない若者が集められ、のびのびと野球を楽しんでいた。強豪チームで、東京都代表で長崎国体に出場、巨人軍入りした選手もいた。

藤原さんの電話は突然かかってくる。「明日三時、下井草球場。あとで飯」。それだけ言うと電話は切れる。ときには、「今日四時から、何とかしろ」と当日の呼び出しもある。こちらの事情など斟酌《しんしゃく》なし。私が出版社対抗の試合で投手をつとめていることを知り、打撃練習の投手として駆り出されるのだった。すべては作品をいただくため、どんな無理をしても出かけたものだ。

藤原さんは、乳児のころに母親と別れ、父親とも六歳で死別した。父は島根県匹見の授産所で、粉わさびの製法を研究しているうちに結核に罹《かか》り、亡くなった。岡山の家に臨終を報せる電報が届いた。その年、昭和二（一九二七）年の冬も、雪が深かったのだろう、藤原さんと祖母は、益田から強力に背負われ雪の山を越えて匹見に着いた。雪晴れの日に、雪原で父を荼毘《だび》に付したときの炎を覚えているといった。

「そんとき、みっつ上のねえさあが、やさしゅうしてくれんさった」

匹見は私の母の故郷。母は藤原さんより三歳上の大正七（一九一八）年生まれ。そうと知った日から、藤原さんは、私の母こそ、あのやさしかった人と思い込まれた。母に確かめると、「そねえな覚えはなあでね」と否定したが、そのことを藤原さんには伝えないでおいた。

深沢七郎　おおらかな人のぬくもり

（平成二十九年三月二十二日）

深沢七郎さんが、私に会いたいとおっしゃっていると、受付から連絡があった。昭和五十五（一九八〇）年の秋のことである。文藝春秋の出版部員との用を済《す》ませ、改めて受付を通しての「文學界」編集部員である私への面会申し入れだった。中央公論の新人賞で三島由紀夫、武田泰淳、伊藤整の三選考委員が激賞した『楢山節考』の筆者は受賞後も問題作を発表し、その年の春には「川端康成賞」の受賞を断って物議を醸《かも》していた。その方が私に何の用だろう。

開口一番、「霜田先生をよろしく」とおっしゃった。霜田先生とは、信州の佐久総合病院に勤務するかたわら、小説を書いている南木佳士さんのことである。深沢さんは心臓疾患のため、ときどきその病院に入院されていて、南木さんに会っておられたのである。

その日以来、深沢さんは私を訪ねてこられるようになった。南木さんの小説の進み具合を聞くためであった。畑で出来た野菜、また白菜の漬物を土産にくださった。ご自身の特製本もいただいた。経本仕立て『みちのくの人形たち』には、「この一篇を我が心の友のかたに捧ぐ　深澤七郎」と記されている。いま一冊の『秘戯』は天紅付。「江戸の遊女の恋文、巻紙の上段に口唇で、思いのたけをかみしめる。この天紅はヌードの女王ヒロセ元美先生が

『秘戯』のためにくちづけして下さいました」とある。

南木さんが小説を書き始めたころの私とのやり取りを書いた文章がある。初対面の私に「佳《よ》い小説を書くためにはどうすればいいのですか」と問う。私は、「まじめに暮らすことです」と答えた。この平凡な回答に失望した、とある。順を追えば、南木さんが深沢さんに会うのはそのころである。深沢さんは、作品を読んでいる編集者の名を聞き、後日、「よその編集者に聞いたら、その人はいい読み手だって言っていましたから、安心して書きなさいよ」と言って励ました、と南木さんは書いている。佳い小説はまじめな暮らしからというような編集者を信じていいか、南木さんには懸念があっても不思議はない。深沢さんが私を訪ねられたのは、薦めた者として、人物を見ておきたかったのだと思う。

南木さんは小説を書き続けて、昭和五十六（一九八一）年十二月、文學界新人賞を受賞する。難民医療日本チームに加わり、タイ・カンボジア国境に赴いていた南木さんの、帰国を待って行った贈呈式に、深沢さんにも立ち会っていただいた。深沢さんは南木さんに、ペリカンの万年筆を記念に贈られた。

この日、深沢さんは雑誌のうまいもの特集の取材に連れ出された。南木さんも一緒にと誘う編集者に、深沢さんは言った。

「この人は三ケ月も留守にしてたんだから、奥さんが蒲団敷いて待ってるでしょう。そちらの方がずっと大事ですよ」

深沢さんの言葉は、おおらかな人のぬくもりが感じられたのだった。

庄野潤三　人の縁と絆

（平成二十九年三月二十九日）

文藝担当の編集者として、私が最も度重《たびかさ》ねてお会いし原稿をいただいたのは、庄野潤三さんである。昭和四十二（一九六七）年四月八日の初対面から、平成二十一（二〇〇九）年九月二十一日逝去、そして同月二十八日の葬儀にいたるまでの四十余年に及ぶ、庄野さんと庄野家のみなさんの恩愛を忘れることはない。その間には、大学生だった娘さんが嫁がれ、中学生と小学生だった息子さんが会社員になり、そして所帯を持たれた。

出版界も時の風潮で変わった。いわゆる「バブル」のころ、法外な前渡し金で作家を囲い込み、夜の銀座に連れ出し「文壇バー」でもてなした。しかし、庄野さんはそうしたことに無縁な作家であった。堅実な暮らし方を守り、一切《いっさい》受け付けなかった。

私は、これが本当の文士と思った。会うと気持が落ち着き、作家と編集者の本来の姿を取り戻す思いがした。そして、そのなかから人の生き方、人生のよろこびを感じ取った。

不器用な方という者がいた。書くものも古風で、身辺に題材をとる私小説作家と庄野さんは見られていたが、これは誤りで、庄野さんほど新しい手法を作品に取り入れた作家はめずらしい。それを教えて下さったのは、庄野さんと大阪での幼少期からの付き合いで、一時期、同じ放送局に勤務した阪田寛夫さんである。『庄野潤三全集』に載せた解説で、たとえば小説『静物』には、放送の取材現場で採った録音テープを、説明なしで入れ替え差し替えしたときのような、表現のおもしろさがある、と指摘している。新しい試みを駆使しながらも、庄野さんの小説が、平明な文章で書かれていることに、私は感心するのだった。

　昭和五十（一九七五）年十月二十日、原稿受け取りに上がった。しかし、いつにない様子なので理由を伺《うかが》うと、お孫さんの生まれる予定日とのこと。私の家でも、第二子の出産予定日であった。男の孫と女の子の違いはあるが、同時刻の誕生だったことをあとで知った。

　私が担当した小説『土の器』で芥川賞を受賞した先記の阪田さんが、このふたりに庄野さんと私の縁を感じ占いの本で調べてくださった。ふたりは同じ運命を辿るという。娘の日々の成長をみるにつけ、お孫さんを思った。庄野さんの葬儀の会場で、遺族の席に同じ年恰好《としかっこう》の端整な貌《かお》の好青年を見つけた。このとき、確かめもしないで、同時刻に生まれたのはこの方と思ったのは、私の娘思いからだろう。

　時が流れ、庄野さんの直接の担当を後輩たちが務めるようになり、私は控えに回った。庄野さんに会い帰ってきた後輩の編集者たちは、いずれも穏やかな貌をしていた。ゆるぎない文藝への姿勢、質素だが心ゆたかな暮らし、人の縁と絆を大切にした温雅な充実した人生に触れた「仕合せ」を胸にしていたからだろう。かつての私のように。

大岡昇平　執筆で元気を取りもどす

（平成二十九年四月五日）

　桜のころになると、大岡昇平さんを訪ねた日を思い出す。昭和四十九（一九七四）年四月、小田急線成城学園前駅を降り、一キロほど桜並木の道を北へ向かう。花のトンネルを抜け、右に曲がった所に大岡さんは住んでいた。

　歴史小説をめぐり書いた文章を一冊の本にまとめるにあたり、その総集篇『歴史小説の問題』を「文學界」に書いていただく打ち合わせであった。論争好きで怖い作家との思いがあった。しかし、右眼白内障の手術を受け、眼帯をした大岡さんと向かい合うと、ただただ同情し守ってあげたいと思うのだった。

　旬日して、いただいた原稿は、桝目《ますめ》に文字が納まっているのはわずかで、行間や余白に細かな字で夥《おびただ》しい書き込みがなされていた。そのまま印刷所に回すわけにいかず、原稿用紙に清書した。それは、後の入稿でも繰り返されることとなる。

　次に私が大岡さんを訪ねたのは、人事異動で「オール讀物」編集部から「文學界」編集部に戻った昭和五十四（一九七九）年秋であった。並木は紅葉のトンネルであった。大岡さんは、その間、野間文芸賞や朝日文化賞を受賞。また、かつて新聞に連載した『若草物語』を手入れし、『事件』と改題して出版。これが日本推理作家協会賞を受賞、映画化されて話題となった。しかし、一方で手術した右眼の経過が思わしくなく再手術。さらに左眼も白内障手術を受けていた。加えて、心不全、肺炎、溶血性貧血で入院が続き、文壇では大岡さんも終わりかと囁《ささや》かれていた。成城のお宅を訪ねた私の気持を正直に記せば、「最後の原稿をいただくこと」だった。

「こんなヨイヨイになっちまって。こんなになると注文するやつも来ねえ」

ぼやきながらも、話題は読んだ本、若い作家や評論家の新作、また世相一般に及んだ。

「それらを書いて、連載しませんか」

「日記を買ってくれるっていうのかい。本代は稼げるな」

これが昭和文学史の掉尾《ちょうび》を飾る話題作、そして大岡さんの晩年の代表作『成城だより』誕生の経緯である。「文學界」昭和五十五（一九八〇）年一月号に始まり、同六十一（一九八六）年一月号まで連載された。最初は三頁だったが、次第に増えて十三頁のときもあった。大岡さんはこれで元気を取り戻したのだった。

桜吹雪の中、原稿をいただきに上がった。同じ成城に住む野上弥生子さんは、車の中から並木の桜をみた後、大岡さん宅訪問を恒例にしていた。その年、九十五歳の野上さんが見えないので、様子伺《うかが》いの電話をかけた。

「二階から双眼鏡で花見をしたんだって」

いい話と思った。私は『成城だより』に書き入れてあることを願った。いただいた原稿のこのくだりは、話された通りがかかれていて、「花梢《はなうれ》にあわれ瞼の重くして」とめずらしく一句添えて閉じられていた。

池島信平　編集者の粋《いき》

大学四年の夏を過ぎてから、私は出版社への就職を考えるようになった。高校生のころから手にしていた文藝誌「文學界」が文藝春秋発行であり、その会社の役員である池島信平さんが著わした『雑誌記者』を読んでいたこともあり、恩師の暉峻《てるおか》康隆さんに池島さん宛の紹介状を書いていただいた。

会ったとき、鋭い目に人を見抜く眼光を感じたが、さっぱりした対応は心地よかった。「暉峻さんから伺《うかが》っている。試験を受けられるようにするから履歴書を受付に届けなさい」

次に池島さんに会ったのは、入社試験の最終面接のとき、その次は、新入社員の研修会であった。そのとき、池島さんは死去した佐佐木茂索さんに代わり社長になっていた。

池島さんは率直な人柄だった。研修が終わって懇親会の席で、「一清《いっせい》は面白いやつだよ」と、私の入社のいきさつを語るのだった。新入社員の採用を決めた後に、社を辞《や》める者が出て、不採用にしていた私を引き上げ入社させた。これが社長に就任して最初の人事だった。後で聞いたが、せっかくの厚意をいただきながら、採用枠《わく》に入れなかったことを詫びた手紙を、私は池島さんに差し出していた。それを保存していて、この文が書ける若者だと、人事担当の総務部長に読ませ、入社を検討したという。

（平成二十九年四月十二日）

「惜しいやつに辞められたよ、東大の大学院で勉強するというのだ。一清にその代わりが務まるかな」

口とは違い、顔の表情は「務めてくれなければ困る」と言っているのがわかる。惜しまれて社を去った人が、立花隆さんである。そうと知ってから、立花さんの活動を見るたび、私は、この人ほどの仕事を編集者としているか自問するのだった。

池島さんは社長室にいるより、編集の現場が居心地よさそうで、巡ってきては、私の隣の席が空いていると椅子に座り、ひとときを過ごすのだった。以下、そのとき伺った話から。

「集まっている原稿を面白い順に載せろ。一本残しておいて次号の柱にしようなど考えるな。いまが旬《しゅん》。いま読むから面白いのだ」

「三号続けて面白くない編集をすると雑誌はつぶれる。逆に、面白いものを三号続けると勢いがつく」

「付かず離れず、執筆家といい距離をとれ」

「連載は面白くなったな、というところで止めるといい。後は惰性で面白くない」

これが編集者の粋《いき》というもの。絶えず新味あるものを読者に届け、飽きさせてはならないのだ。

池島さんは昭和四十八（一九七三）年二月十三日に亡くなった。この日は、私の妹の命日である。一周忌の法事を終えたところで訃報に接した。私は因縁を感じるが、池島さんはそういう捉え方を嫌う合理主義者だった。

稲垣達郎　師の心遣《こころづか》いと励まし

（平成二十九年四月十九日）

池島信平さんの采配《さいはい》により、改めて文藝春秋入社と決まった私だったが、実は、一旦不採用となって、止むを得ず辞書をつくる出版社の入社試験を受け、内定を取り付けていた。母親が生命保険の外交をして学費を送ってくれていたが、病気勝ちでそれも限界。私は就職し、自活しなければならなかったのである。

私は悩んだ末に内定の出版社に詫び、わがままを通したが、大学の教授たちの会議で問題となった。このとき私を救ってくださったのが、卒業論文の指導教授稲垣達郎さんだった。

「高橋君は、辞書を作るより、文藝ジャーナリズムでの仕事が向いている。私たち教師は、才能を伸ばし、世の中に役立つ仕事をさせてやるのがいいのではないか」

卒業論文を読まれていたから、私の向き不向きを分かっていたのである。このひとことで、反対していた者も黙ったよ、と同じ会議にいた暉峻《てるおか》康隆さんに教えられた。稲垣さんは、それには触れず、ただひと言、口にされた。

「君はどこで働いても目立つ仕事をするだろう。そのとき、うちで働くより、あそこで働くのがよかったと言ってもらえる仕事をすればいい」

日本近代文学研究の稲垣さんは、すぐれた随筆家でもあった。私は昭和四十四（一九六九）

年九月号「文藝春秋」の巻頭随筆欄に『頭蓋骨』をいただいた。六月に亡くなった明治文学研究の柳田泉さんの火葬に立ち会い、目にした大きな頭蓋骨から書き始め、頭蓋骨に魅せられた人々を紹介し、つづいて新井白石の墓の改葬のとき、墓男から白石の頭蓋骨を渡された、早稲田大学の英語の先生花園兼定さんの少年時代の思い出を紹介していた。

墓男が白石の頭蓋骨を花園少年に手渡すと、そばにいた奇人変人で知られる大槻如電《じょでん》が「重いか」とききき、花園少年は「重い！」と答えた。稲垣さんは『折たく柴の記』や『読史餘論』などを、中学時代からなじんできた。よって、「大人物の頭蓋骨をじかに、その手でかかえることができた花園少年の幸福が、羨ましくてたまらなかった」と書いて、「柳田さんのも、完《まった》きものであったら、まちがいなく、『重いか』、『重い！』だったであろう。柳田さんの好きだった二葉亭は、こよなく白石の文章を愛した。そんなことも聯想《れんそう》された」で終わる。

輪転機にかけ印刷する直前の「文藝春秋」の試し刷りは、社長の池島さんの許《もと》に運ばれる。急ぎ目を通すと、いつも編集部に駆けつけ、感想を言った。この号では開口一番、「稲垣さんの『頭蓋骨』は良かった」であった。そして、それは私が頂いてきたものと知ると、「一《いっ》清《せい》、いい文章を書いていただいたな」と私の肩を、ポンと叩いたのだった。

私が働きやすくなるよう、稲垣さんは取って置きの話を書いてくださったのだと思った。

宮本 輝　なるべくして作家になった

（平成二十九年四月二十六日）

文藝春秋での三十八年間、文藝担当の編集者として働いた。既成の作家に新作をいただくほか、無名の新人作家を芥川賞、直木賞へと導いた。私は少年のころから野球を楽しみにしていた。投手もしたが捕手もした。捕手は投手を引き立て、思い切り投げさせ、どんな投球でも受けとめる。作家は投手に、編集者は捕手に似ている。幾人もの作家誕生に立ち会えたのは、捕手の経験が役立った。

昭和五十（一九七五）年秋、「文學界」新人賞の応募原稿を読んでいて、これまでになく興奮した。面白い。しかし、制限枚数の四百字詰め原稿用紙百枚で終わらず、未完の作品だった。これでは残せない。だが、この筆者には、私が抱いた思いを伝えたいと、中間発表のとき、私の独断で「予選通過作品」の扱いをした。後で知ることだが、それを見た筆者は、何かを感じたようで、次作に挑《いど》む気持になったという。これが作家宮本輝さんの誕生へとつながる。宮本さんは『泥の河』を書き太宰治賞を受賞、続く『螢川』で芥川賞を受賞する。

宮本さんを兵庫県伊丹市のお宅に訪ねたのは、受賞後の注文に応えての過労から、肺結核を病み、入院を数日後に控えたところだった。私は、「病院から生きて帰ったら、あなたは大作家になる」と励ました。まだ、数作しか書いてない宮本さんだが、私は宮本さんに稀有の才能と資質を感じていた。

退院した宮本さんは、書き続けた。私は「文學界」に、あるいは「別冊文藝春秋」や「オール讀物」に作品を掲げ、出版部に移ってからは、それらを単行本にした。ＴＢＳ東京放送で、放映の順番待ちをしていた『青が散る』の連続テレビドラマの放送が始まると好評を得て、宮本さんの本の売れ行きも伸びた。そうしたなかで、長篇小説『春の夢』『愉楽の園』、短篇小説集『真夏の犬』、文庫『星々の悲しみ』、対談集『道行く人たちと』などを作った。そのほとんどを有元利夫さんの絵で装幀した。それは作品世界と合致して評判となった。

近代日本文学の小説は暗い。主人公は青白いインテリで、性に耽溺《たんでき》し、政治活動で挫折し、虚無的になり、自殺する者が多い。しかし、宮本さんの作品は違う。逆境の中でも、それに抗《あらが》い、立ち向かう。だから読後感は明るい。これは宮本さんの信仰からもたらされるものだろう。

宮本さんは二十一歳のときの、父親との別れを語った。父親は脳溢血の後遺症で暴れるようになり、仕方なく精神科の病棟に入った。危篤の報せで宮本さんは病院へ行った。

「五十人くらいがベッドを並べている、その一番端に親父が昏睡状態になって横たわっているのが見えたんです。そのとき、その部屋の入り口から親父のベッドに近づいていくまでのほんの数秒間の間に、ぼくはこの世のありとあらゆるものっていいますか、人生というものは一体何かを、あのとき見たような気がしているんです」

小説は人を知り、己を知り、人生を考える。宮本さんはなるべくして作家になった方なのだ。

佐藤愛子　自分を打ち、相手を叩く

（平成二十九年五月三日）

平成二（一九九〇）年六月、編集長に就《つ》いた「別冊文藝春秋」では、佐藤愛子さんの連載小説『血脈』が佳境に入っていた。この小説は、柱としてこれからの編集になくてはならない。

内示を受けると、何よりもまず、東京都世田谷区太子堂に住む佐藤さんを訪ねた。初対面であった。佐藤さんは口を結んで、私を見続けた。人品骨柄を見定めるという感じであった。私はひるまず、『血脈』の感心した情景、巧みな表現の箇所を上げて感想を言った。見る見るうちに佐藤さんの表情が変わった。

「あなた読んできたの。編集長の新任の挨拶は、顔を見せるだけ。読まないで来て適当なことを言ってすぐ帰るんだけど」

『血脈』では、紅緑、ハチローなど佐藤家一族の欲望と情念を描いていた。原稿は私自身がいただきに上がり、活字に組まれゲラになると校正して、著者校正を入れていただくために届けた。いつも深夜、帰りがけに立ち寄り、郵便受けに入れた。

毎回、便箋に感想を記していたが、第三部に入り、筆者自身が中心になり物語が展開するその回に限って、手紙を書かず飛び出したことに気付いた。タクシーを降り、街灯の薄明かりの下で、ゲラの余白に書きつけた。

「いい出来上がりです、ご安心下さい。『愛子』――作中人物の筆者当人ですが、ほど良く距離がとれていて、何の不自然さもありません。人物として衝《つ》いておくべき欠点は欠点として書き、ことさらな自己卑下もなく、いい所も記してあるのがいいのです……」

佐藤さんの筆は相手を叩くが、それ以上の厳しさで自分を打ち、人間の真実を求めていた。苦しい仕事だと思った。私は最初の読者として、率直な思いを書いた。このゲラは原稿とともに佐藤さんは残していて、平成十三（二〇〇一）年五月、世田谷文学館での「佐藤愛子展」で展示された。「担当編集者の細やかな書き込みに励まされた」と説明されていた。

佐藤さんは心霊の世界を大切にして、私には感じられないものを受けとめておられる。松江に来られたとき、私は神社参りのお供をしたことがある。神魂《かもす》神社と須佐神社での佐藤さんの祈祷の姿は、他の神社ではないものだった。後で「強い霊力を感じた」と言われた。幾度もお目にかかっているが、初めて目にした穏かな顔だった。心が満たされた表情であった。

この神社参りのとき、美保神社にも参拝した。お参りを終えて、帰りの車を待っていたときだった。日にあたっていた老女たちが、佐藤さんに気付いた。ひととき長閑《のどか》な語らいがあって、そのうちの一人が、自分たちが作ったアジの干物を新聞紙に包み、佐藤さんに差し出した。佐藤さんは、それを両手で受けとめ、東京に持ち帰ったのだった。

後日届いた佐藤さんの手紙には、美保関の老女たちに触れ、「何より嬉しい、おもてなしでした」と書かれていた。

暉峻《てるおか》康隆

「哀れにもまたおかし」

（平成二十九年五月十日）

文藝を生涯の仕事と意識し始めた高校生のころ、読んでいたのは月刊誌の「文學界」と「国文学」だった。この両誌が、私の将来に係《かかわ》るものとなった。「文學界」は後に編集に携《たずさ》わり、今日も続く作家、評論家との交わりは、作品を誌上に掲げたことに始まっている。

一方、「国文学」では恩師の暉峻《てるおか》康隆さんとの出会いがあった。毎号の目次に近世文学の編集顧問として名前があり、ときおり目にする文章は、含蓄《がんちく》があり、説得力があった。私はこの方に心の内を打ち明けてみたいと思った。小説を書くか、扱う編集の仕事をしたい、早稲田大学文学部国文学専修を志望している、と手紙に認《したた》め、書いた小説が載る文芸部誌を添え、編集部気付で差し出したのだった。

半月後、はがきが届いた。「小説を書くのなら、世の中のことを知る学部を進むのがいいでしょう」と書いてあった。

言葉に従い、他の学部も受験したが、暉峻さんのいる文学部国文学専修に入学した。しかし、世の中との係わりで小説を読むことは、忘れてはならないと胆《きも》に銘じた。

暉峻さんが研究された井原西鶴も、作家として、この世に懸命に生きる者たちの姿と心を描き、悲劇はそのまま喜劇に通じるほど徹した書き方をしていた。その方法を、暉峻さんから、作品を例に教わったのだった。そして、編集者になってからは、担当作品と作家に、それを求めた。そのひとりが中上健次さんだった。

中上さんに芥川賞が決まった次の朝、暉峻さん宅にお連れした。

「私の初めての作家です」

中上さんはこの出会いをよろこんだ。やはり高校生のころ「国文学」を読んでいて、暉峻さんの名前を知っていたのである。「祝杯だ」と暉峻さんはブランデーの栓を抜き、グラスに注いだ。「これからだ、これからだよ」と言って、目を細め中上さんと私を見続けた。

中上さんには、西鶴のいう「世の人心」を描き、「哀れにもまたおかし」と感じられる小説を書いてほしかったが、これからという年齢で逝った。そして私は、新たな作家とそれを求め、一所懸命に働いた。

あれは大学三年生の春だった。届け物もあって、暉峻さんのお宅を訪ねた。庭の桜が満開だった。暉峻さんは、この桜の下に油紙に包んだ執筆途中の論文を埋め、出征したと聞いていた。

この日、身の振り方について相談した。

「ここだと思ったところで縁がなかったら、研究生活に入るのもいいだろう。三十年やったら、人前で聞いていただける話はできるよ」

私は歳月の長さに怖れを抱いたが、思えば、原稿執筆を依頼され、編集者が見た「あの日あの人」など、綴るようになったのは、この途を三十年歩んだころからである。

松本三四郎　手まめ足まめ

（平成二十九年五月十七日）

松本三四郎さんは、明治二十五（一八九二）年東京に生まれ、昭和五十四（一九七九）年メキシコで亡くなった。私は、晩年の十年間、親しく交わり口述をもとに自叙伝『メヒコで百年』を編述した。

松本さんは、庭師として中南米に渡った父を連れ戻すため、十七歳のとき日本を後にした。父は、江戸時代に大名屋敷の庭を築いたが、維新後の日本には腕を揮《ふる》う場はなく、中南米の金山や銀山の持ち主の庭を造っていた。

メキシコで父とめぐり合ったが、借金があり、訴えられていて国外に出るわけにいかない。そのうち革命の騒動に巻き込まれた。働いて父の借金を返した。十二年後、日本から妻を迎え、母も呼び寄せた。植木に加え花を売るようになって事業は拡大し、十幾つもの農園を経営した。

メキシコ市郊外クエルナバカの農園の一角に、松本さんは住んでいた。ここではシンビジューム、バンダ、カトレアなど、九万鉢が栽培されていた。少し離れたクワウトラには、八万鉢を育てるカトレア専用の農園もあった。松本さんは水やりを日課にしていた。鉢物を扱う職人の間で、「水やり七年」といわれるほど経験のいる仕事なのだ。「水があうと花弁は大きく厚く、色艶も優れ、花もちもよくなります」施《ほどこ》すのは鶏糞、油かす、糠、骨粉など。

有機肥料が最適である。「植物は食べ隠しをしない」と松本さんは言った。

八十歳になったとき、松本さんは米作りを始めた。ヒュテペックの農園に籾《もみ》を蒔《ま》いた。地名は原住民の言葉で「涼風」を意味する。言葉通り、風通しのいい土地であった。風は病虫害から稲を守った。二期作で、七月と十月に稲刈りをした。

じつはこの米作りには、松本さんの望みがたくされていた。

「花屋、植木屋で百年、三代続いた店を知りません。花作りは、泥まみれ、肥しまみれになる仕事です。この地道な仕事が根底にあるという考えが継承されないのです」

一代で財を成したが、それはメキシコ市の人口増加にともない、農園が宅地として買い上げられたからであったという。

「いっそ、初めから百姓になったらいい。これほど根強く、ゆるぎないものはない」

メキシコで百年分を働いたという意味で、自叙伝に『メヒコで百年』と題をつけた。私は松本さんが話してくださったメキシコの寓話を最後に記した。この『近影遠影　あの日あの人』を終えるにあたり、それを書き添えたい。

天国に行った男が、神様に豆を土産に差し出したところ、神様は、これではない、「手まめ足まめ持ってこい」とおっしゃった。

松本さんの掌《てのひら》には、水やりのホースを手繰《たぐ》るうちにできた、大きな「手まめ」があった。最後に会った日、松本さんはそれを私に見せ、「天国で神様のお気に入りになれるでしょうか」と言った。

あとがきにかえて　柿本人麿　雪舟等楊

ふるさと益田に帰るとき、いつもながら山陰線の車窓風景に旅情をそそられます。益田の海岸は、東は鎌手の岬から、西の山口県須佐の高山《こうやま》まで湾曲し、イタリアを旅したとき見たナポリ湾の景色がよみがえります。高山はさながらベスビオ山です。列車が、久城《くしろ》台地を走り抜けると、車窓から益田平野が望まれます。遠く青野山《あおのやま》、大道山《おおどうやま》、そしてなだらかな山々が高山へとつづきます。この景色を柿本人麿、雪舟等楊は目におさ、あくことない眺めだから、ここを終《つい》の住処《すみか》としたのです。

私たち益田の子は、日本最高峰の歌人と画僧を、幼いころから「人麿さん」「雪舟さん」と親しみをこめて呼んでいます。

人麿さんは柿本氏が石見に下るとき、陪従《ばいじゅう》し、いまの益田市小野に移り住んだ語家《かたらや》綾部の娘と柿本某《なにがし》の間に生まれました。青年のころ都に上り、大和時代の天武、持統、文武朝に仕え、晩年はふるさとに戻り亡くなった、と語り聞かされてきました。終焉の地の鴨山をめぐっては諸説ありますが、私たちは益田の鴨島で亡くなった、それは万寿三（一〇二六）年の大津波で海底に没し、海面下十メートルほどのところの暗礁となり、「鴨島瀬」「大瀬」といわれ、舟を漕《こ》ぐ漁師たちは「人麿さんの頭を踏む」と畏《おそ》れ、避けて通るのです。
人麿さんの祭りは九月一日の「八朔祭《はっさくまつり》」。この日は二百十日の風除けを願う農家の方が参詣しますが、私は「歌の神様」に、学業、文藝の成就を願いお参りします。

室町時代の雪舟さんは、応仁の乱で騒然とする京都を去り、山口の大内氏を頼りました。そこから中国に渡ります。帰国した雪舟さんは豊後を経て、平穏で豊かな益田に移りました。領主益田兼堯《かねたか》は外国との交易で富を得て、雪舟さんを手厚くもてなしました。それに応え、医光寺と萬福寺に庭を築き、兼堯の肖像画を描きます。雪舟さんが晩年を過ごした東光寺（後の大喜庵）からは、石見西端の山並みと、高津川と益田川が合流する河口湖が眺められます。諸国の船が出入りし、遣明船《けんみんせん》で着いた中国の寧波《ねいは》を連想したといいます。その東光寺（大喜庵）に、雪舟さんが硯の水を汲んだ井戸があります。私たちも書き初めの硯の水をいただきに行ったものです。

人麿さん、雪舟さんゆかりの地に生まれたことは、私の誇り、文藝に勤《いそ》しむ者としては、これが求める先にあるのです。とはいうもの、このふるさとの先人は高くそびえ、どれほど努力したらたどり着けるものか。

非力を知らされる繰り返しですが、あやかりたいと発心するたびに、それまでわからなかった何かを心にしました。それを力に、私は編集者として作品と作家に向かい合ったのでした。

仕事を通して多くの人に会いました。いい話を聞き、いい情景を見ました。それは私の心の宝物ですが、独り占めにしていたら、私の消滅とともになくなってしまいます。それは惜しく、「近影遠影　あの日あの人」を書きました。

人の体は食べたもので作られ、人の考えは会った人より作られるといいます。ここに書いた人たちによって今の私はできているのです。いずれもが恩人。私はこの人たちから人として大切な「義」と「情」を教えられていたことに改めて気付きます。

なお、出版に関してはこれまでと同じ、青志社阿蘇品蔵氏にお世話になりました。

高橋一清

平成二十九（二〇一七）年八月吉日

高橋一清（たかはし・かずきよ）
昭和十九（一九四四）年、島根県益田市に生まれる。昭和四十二（一八六七）年、早稲田大学第一文学部国文学専修卒業、株式会社文藝春秋入社。「文學界・別冊文藝春秋」「文藝春秋」「週刊文春」「オール讀物」、出版部の部員、「別冊文藝春秋」「文春文庫」「文藝春秋臨時増刊」編集長、「私たちが生きた20世紀」特別編集長を務めた。その間、公益法人日本文学振興会理事として、芥川賞、直木賞の運営進行にあたる。平成十七（二〇〇五）年、株式会社文藝春秋退社。一般社団法人松江観光協会、観光文化プロデューサーに就任。「松江文学学校」を主宰。著書に『芥川賞・直木賞をとる！　あなたも作家になれる』『編集者魂』『作家魂に触れた』『百冊百話』、編著書に『松江観光事典』『和の心日本の美　松江』『松江特集』『松江怪談』『松江発見』『石見観光事典』『メヒコで百年』、共編著に『古事記と小泉八雲』など。

近影遠影　あの日あの人

平成二十九（二〇一七）年九月十三日　第一刷発行

著　者　高橋一清
発行者　阿蘇品蔵
発行所　株式会社 青志社
東京都港区赤坂六－二－一四
郵便番号　一〇七－〇〇五二
電話（編集・営業）〇三－五五七四－八五一一
http://www.seishisha.co.jp/

組　版　ツカダデザイン
印　刷
製　本　慶昌堂印刷株式会社
付物製版　米子プリント社

ISBN 978-4-86590-050-7 C0095